高山なおみ

今日のおかず

季節も食べる！

アノニマ・スタジオ

はじめに

この本は、『おかずとご飯の本』の続編です。
出盛りの野菜や魚介の勢いを感じながら、少しずつ移りゆく季節の光を味わいながら、
料理を拵《こしら》えては食べ、できあがった本です。
一年を通じたその間には、中国とハワイへも出かけたので、
すきま風のように、その国のおいしい空気もすべり込んでいるかと思います。

前作と同様、おいしく作るための確かなリクツやコツ、大事なポイントはレシピ内（↓）で記しました。
そして、たとえばかぶのように、スーパーの棚に一年中並んでいるものでも、
いちばんおいしい時期に味わってほしい、
季節ならではの素材をいかす料理には、季節マーク○月…○月を入れました。
ふだん着の肩ひじ張らないおかずの本をと、二冊続けて作ってきましたが、
いつも感じることは、料理本というのはあくまでも料理の型紙だという思いです。
さじ加減を忠実に守ることも大事だけれど、家族のことや恋人のこと、
今日はちょっとくたびれたとか、ぼんやりした天気だなとか。
そんなことも胸に、目の前にある食材をまずはよく見てください。
触って、匂いをかいでみてください。
鍋のふたをちょくちょく開けて確かめるのではなく、
ふたに伝わる振動を感じて、中の様子を思い描いてみてください。

ふだんのごはんなんだから、
「多少まちがえてもいい！」って思います。
何度も作って、食べてくれる人が喜んでくれる味を体で覚えていってください。
この本が、少しでもその助けになったら、たいへん嬉しく思います。

「今日のおかず」をおいしくする知恵

調味料について

○塩は自然塩、こしょうはひきたて。酢は米酢、みりんは本みりんを。オリーブオイルはエキストラ・バージン、ごま油は香りの強すぎないもの、バターは無塩を使っています。ナツメグもホールのものを常備してください。ビンに入れておけば保存がきくし、おろし金でカリカリけずったおろしたては味も香りも別物です。

○料理酒は甘みがついているので、飲む用の日本酒を使ってください。

○みそは料理によって田舎みそや赤みそなど使い分けてみてください。レシピの中で（淡色）と記したものには、信州みそのようなくせのない白っぽい種類を選んでください。洋風料理のちょっとしたかくし味や、みその強い風味によって素材の持ち味を損ないたくない時などに淡色のものを使います。

○溶けるチーズはシュレットタイプのピザ用チーズでもかまいませんが、ゴーダ、チェダー、コンテ、グリュイエールなど、好みのチーズを薄く切ったりけずったりして使ってください。あるいは風味づけとして、ピザ用チーズと合わせて使っても、ちょっと本格的な味になります。

○簡単にできるたれは手作りしてみましょう。市販のたれでお気に入りをみつけ、自分の舌に合うようにちょっとした味つけを工夫するのもひとつです。

○ごまは使う直前にから炒りすると、歯ごたえも香ばしさも際立って、いつもの料理がいきいきとしてきます。

○基本の調味料は浮気せず、気に入ったものをみつけたら使い続けるのがいいようです。とくべつなものでなく、近所で手に入りやすい良いものをくり返し使うことで、味が安定します。

火加減について

○本に書いてあるのはあくまでも目安です。弱火、中火、強火とあっても信用せず、フライパンや鍋の中をよく見て、変化を感じながら、強めたり弱めたりをいったりきたり。

鉄のフライパンのこと

○ふだんはフッ素樹脂加工の手軽なフライパンを使っていますが、鉄のフライパンはそのままオーブンにも入れられるので、料理の幅がグンと広がります。これは私がレストランでコックをしていた時の知恵ですが、肉でも魚でも、表面だけをサッと焼いてオーブンに入れると、あとは上から下から熱が入り、短時間でおどろくほどジューシーに仕上がるのです（「トマトソースのチキングリル＋バターライス」［P18］）。素材を強く焦がして香ばしさを引き出す料理「焼き枝豆」［P106］や、グラタン皿としても使えるので、ひとつ持っていると重宝します。

煮物のこと

○煮汁は少なめで煮始めてください。野菜からおいしい水分が出てくるのを見越して、貴重なそのうまみを煮汁で薄めないことです。厚手の鍋でふたをして煮ると蒸し煮のようになり、野菜自体の味も形も損なわれません。

火の通り具合を調べるには

○金串を1本用意してください。竹串でさすのもひとつだけれど、実感で確かめられるコックさんのやり方です。肉でも魚でも、いちばん身の厚いところにさして中心の温度を金属にうつし、自分の肌で感じてみるのです。唇の下に一瞬あてるだけ。思っているほど熱くはありません［P10／a］。肉でも魚でも焼きすぎを防ぐだけでなく、焼き加減ひとつでおいしさはこんなにも違うのかと気づくはずです。

水溶き片栗粉について

○溶き入れる前の煮汁の煮詰まり具合によるので、分量はあくまでも目安です。少しずつ加えながら混ぜ、全体のとろみが均一になったら次を加えてください。煮詰まるにつれかたくなるので、やわらかめのところで早めにストップするのも肝心。残った水溶き片栗粉はしばらくおいてデンプン質を沈殿させ、水だけ捨ててラップをし、冷蔵庫へ。１週間ほど保存できます。

包丁の手入れ

○包丁の切れ味がいいと、軽快な気分で料理ができます。かといって、料理屋さんではないので毎日とぐことはありません。あまり切れすぎても気が引き締まりすぎて、日々の料理にはくたびれてしまうと思うのです。切れ味がぼんやりしてきたなと思ったら、私は3ヶ月に1度くらいの割合で、手持ちの包丁3本を一度にといでいます。自己流ですが、簡単なとぎ方を載せました「Ｐ１００」。難しく考えず、気軽な気持ちでまずは試してみてください。何度もくり返すうち、自然に身についてくるかと思います。

○人それぞれに「思い込みの調味料」というのがあると思います。たとえばインスタントラーメンには、ひき立ての黒こしょうよりもラーメン屋さんのテーブルコショウが合うような気がするし、「昔ながらのマカロニグラタン」「P26」にはパルミジャーノより、喫茶店にあるような粉チーズの方がぴったりきます。「春雨サラダ」「P76」は、私にとっては給食の味がお手本なので白こしょうにしました。そんなふうに、料理のシチュエーションによっていろいろに調味料を使い分けると、おいしさが増すように思います。

今日のおかず　もくじ

「ご飯がすすむ おかずいろいろ」

「ご飯がすすむ 小さいおかず」

「季節のおすすめおつまみ」

「土鍋でご飯」

料理をはじめる前に

調理する上でとくに大事な箇所には、ポイント写真と手順の写真を入れました。ほかの料理でも共通することなので、レシピの中に「P○○／○」などと記してあります。いったりきたりで少し面倒かもしれませんが、くり返しページをめくって参照し、この本をどんどん使い込んでいってください。

＊計量の単位は小さじ1＝5ml、大さじ1＝15ml、1カップ＝200ml、1合＝180ml。いずれもすりきりで量ります。

＊フライパンは特に表記のない限り、フッ素樹脂加工を使う場合のレシピです。鉄のフライパンを使う場合は、油を少し多めにひいてください。

＊レシピ内に表示されている［a］、［b］、［c］は、ポイントになる写真を表しています。

「ご飯がすすむ　おかずいろいろ」

韓国風ハンバーグ

材料（2人分）

合びき肉…100g
牛カルビ肉（焼肉用）…150g
玉ねぎ…1/4個
にんにく…1片
卵…1/2個
パン粉…1/4カップ
塩、黒こしょう…各適量
ごま油…小さじ1
酒…大さじ2

つけ合わせ
みょうが…1個
ピーマン…1個
サニーレタス…2枚
青じそ…5枚
白菜キムチ…60g

ソース
焼肉のたれ…大さじ3

作り方

① つけ合わせの野菜を用意する。
みょうがはたて半分にして斜め薄切り、ピーマンはたて半分に切って種とヘタを取りのぞき、斜め細切り、レタスと青じそは大まかにちぎる。合わせて器に平らに盛る。

② 牛カルビ肉は細切りにする。玉ねぎとにんにくはすりおろす。

③ ボウルにひき肉と②を入れ、塩、こしょうしてねばりが出るまでよく混ぜる。溶いた卵とパン粉を加え、さらにねばりが出るまでよくねる。4等分して丸くまとめ、中央を少しへこませる。

④ フライパンにごま油を熱し、強火でハンバーグを焼く。片面に焼き色がついたら返し、酒をふりかけ、ふたをして弱火で蒸し焼きにする。ふっくらしてきたら金串をさし、火が通ったのを確かめる[a]。透明な肉汁が出てきたら①の上に盛りつける。

⑤ ソースを作る。
フライパンに残った焼き汁にキムチと焼肉のたれを加えて強火にかける。軽くとろみが出るまで煮詰め、④にまわしかける。

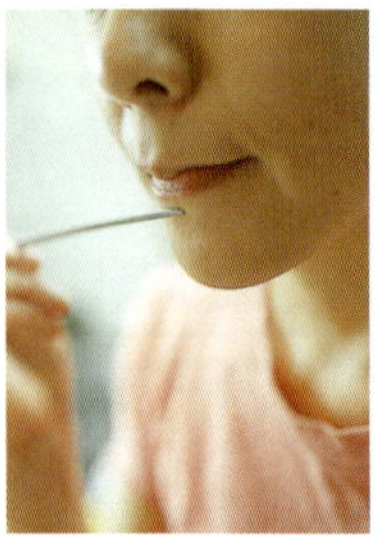

a 焼き上がりは、金串をさして唇の下に一瞬あて、確かめます。口に入れたときの温度を想像しながら。

焼肉のたれ

材料（作りやすい分量）

A
酒…大さじ2
みりん…大さじ2
きび砂糖…大さじ3
しょうゆ…1/2カップ

B
長ねぎ（白い部分のみじん切り）…10cm分
おろしにんにく…1片分
一味唐辛子…小さじ1/2
黒こしょう…適量
ごま油…大さじ1

作り方

小鍋にAを入れ、ひと煮立ちさせる。粗熱がとれたらBを加え混ぜる。

＊保存ビンに入れ、冷蔵庫で1ヶ月間ほど保存可能。

えびフライ

材料(2人分)

えび(ブラックタイガー)…8尾

衣
- 卵…1個
- 薄力粉、生パン粉…各適量

つけ合わせ
- 青じそ…3枚
- レタス…3枚
- ピーマン…1個

ポテトサラダ…全量

黒こしょう、ソース…各適量

揚げ油…適量

作り方

① つけ合わせの野菜を用意する。青じそはせん切り、レタスは細切り、ピーマンはたて半分に切って種とヘタを取りのぞき、たてに細く切る。すべてを合わせ、水にさらす。

② えびの下ごしらえをする。

③ 卵に水大さじ1を加えて溶く。薄力粉と生パン粉はそれぞれバットに入れる。

④ えびに軽くこしょうをふり、薄力粉をまぶす。尾を持って溶き卵にくぐらせ、パン粉をまぶしつけたら、軽くにぎってなじませる。さらに溶き卵とパン粉をもう一度つける(→二度目はふんわりつける)。

⑤ 揚げ油を高温(約180℃)に熱し(→パン粉を落とすとパッと散るくらい)、④のえびの尾をつまんで入れ、カリッと揚げる(→身がかたくならないよう、短時間でさっと揚げるつもりで)。

⑥ 揚げたてのえびフライと水けをきった①の野菜を盛り合わせる。ポテトサラダを添え、ソースをかけて食べる。

えびの下ごしらえ

1 えびは尻尾を残して殻をむき、背わたを取りのぞく。尾の先を切り落とし、中の水分を包丁の先でしごき出す。

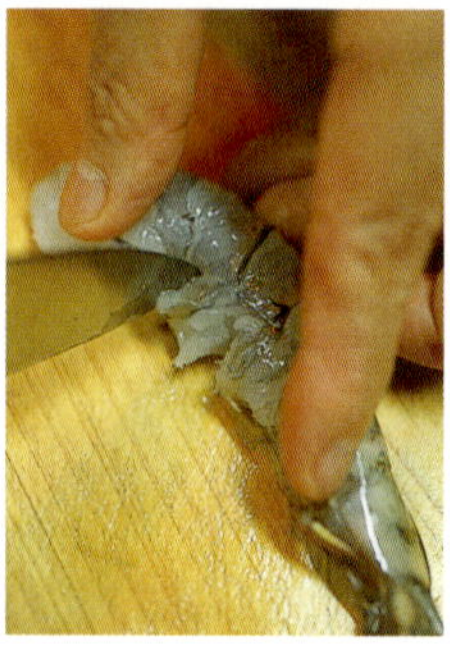

2 揚げたときに反らないよう、腹側に4～5ヶ所切り目を入れる。

3 まな板の上でキュッと引っぱり、まっすぐになるよう形をととのえる。

ポテトサラダ

材料(2人分)

じゃがいも…2個
ゆで卵…1個
A
- マヨネーズ…大さじ4
- ねり辛子…小さじ$1/2$

塩、黒こしょう…各適量

作り方

① じゃがいもは皮をむいて乱切りにし、水にさらす。

② 鍋にじゃがいもとかぶるくらいの水を入れて中火にかけ、ゆでる。竹串がスッと通り、やわらかくなったら湯を捨て、火にかけながら余分な水けをとばす(→粉ふきいもの要領で)。

③ ボウルに移し、熱いうちに粗めにつぶして軽く塩、こしょうする。

④ Aを合わせて②に加え混ぜる。ゆで卵を手で割りながら加え、ざっくり合わせる。塩、こしょうで味をととのえる。

ロールキャベツの
グラタン

材料(4人分)

キャベツ…1個

肉だね
- 合びき肉…250g
- 玉ねぎ…1/2個
- パセリ…適量
- 塩、黒こしょう、ナツメグ …各適量
- A
  - パン粉…1/4カップ
  - 牛乳…大さじ2

ソース
- ホワイトソース…全量
- コンソメスープ(刻んだ固形スープの素1個+熱湯1カップ)
- チーズ(溶けるタイプ) …100g

作り方

① キャベツをゆでる。
大きめの鍋に湯を沸かし、芯をくりぬいたキャベツを丸ごと入れてゆでる。ときどき上下を返しながら、緑が鮮やかになったそばから1枚ずつはがし、ざるに上げる。1枚ずつ水けをふき取り、大きめのキャベツ8枚分の軸をそいで(→巻きやすいように)粗みじんに切る。残りのキャベツは下に敷くのでとっておく。

② 肉だねを作る。
Aを合わせ、パン粉をしめらせておく。ボウルにひき肉を入れ、みじん切りにした玉ねぎ、刻んだパセリ、①のキャベツの軸、Aを加えてねばりが出るまでねり混ぜる。塩、こしょう、ナツメグを加えてさらに混ぜ、8等分して楕円形にまとめる。

③ キャベツを広げ、軸のほうを手前にして真ん中より少し手前に②をのせる。くるりと巻いて包み、巻き終わりは楊枝でとめる。残りも同様に包む。

④ バター(分量外)をぬった耐熱皿に①の残りのキャベツを大まかにちぎって敷き詰め、③を並べ入れる。

⑤ ホワイトソースを作り、コンソメスープを加え混ぜる。なめらかになるまで混ぜながら弱火で煮る。

⑥ ④に⑤のソースをまわしかける。アルミホイルをかぶせ、200℃に温めておいたオーブンで40~50分焼く。フツフツと煮えてきたら金串をさし、火が通ったのを確かめる[P10/a]。アルミホイルをはずしてチーズをのせ、香ばしい焼き目がつくまでさらに20分ほど焼く。刻んだパセリ(分量外)をたっぷりのせ、黒こしょう(分量外)をひく。

ホワイトソース

材料
- バター…30g
- 薄力粉…大さじ3
- 牛乳…1と1/2カップ
- 生クリーム…1/2カップ
- 塩、黒こしょう、ナツメグ …各適量

作り方

① 小鍋にバターを入れて弱火にかける。バターが溶けたら、薄力粉を加えて木べらでよく炒める。

② 粉とバターが混ざって細かく泡立ってきたら[a]牛乳を2回に分けて加え、泡立て器に持ち替える。途中、塩ふたつまみも加える(→とろみがついていない状態で塩を加えると溶けやすく、味もなじむ)。泡立て器で手早く混ぜながらまんべんなくとろみがいきわたり、もったりするまで煮る。

③ 生クリームを加えてゆるめ、フツフツしてきたらナツメグをすりおろす。こしょうをひいて塩で味をととのえる。

a

ベトナム風カレークリームチキン＋大豆のバターライス

材料（2人分）

鶏もも肉…1枚（約280g）
スパイスペースト…全量
オリーブオイル…大さじ1/2
酒…大さじ3
生クリーム…1/4カップ
塩…適量
香菜、万能ねぎ…各適量
大豆のバターライス
…茶碗2杯分

作り方

① 鶏肉を半分に切ってスパイスペーストでマリネする[a]。
② フライパンを強火にかけてオリーブオイルを熱し、①の肉を皮目から焼く。焼き色がついたら返し、酒を加えてふたをし、弱火でじっくり蒸し焼きにする。
③ 金串をさし、火が通ったのを確かめ[P10／a]、強火にして生クリームを加える。軽くとろみがついたら火をとめ、塩で味をととのえる。刻んだ香菜と万能ねぎを加えてざっと合わせる。
④ 器にバターライスと③を盛り合わせる。

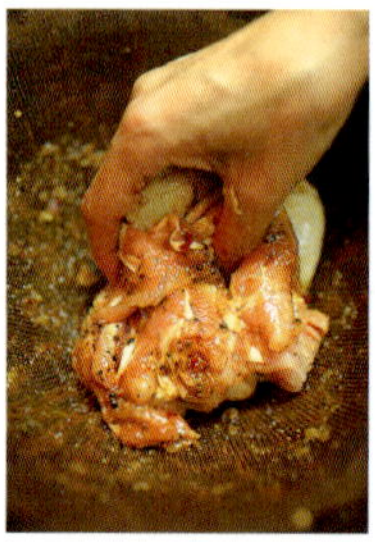

a　すり鉢に直接鶏肉を加えて軽くもみ、20分ほどおいてなじませる。

スパイスペーストの作り方

材料

赤唐辛子…1本
にんにく（薄切り）…1/2片分
黒粒こしょう…小さじ1/2
A
カレー粉…小さじ1
きび砂糖…小さじ1
ナンプラー…小さじ1
オリーブオイル
…大さじ1/2

1　小鍋に赤唐辛子とかぶるくらいの水を入れて弱火にかけ、指でちぎれるくらいになるまで10分ほど煮る。

2　赤唐辛子をすり鉢に入れ、たたきつぶす。

3　にんにくを加えて粗くつぶす。

4　粒こしょうを加えてさらにすりつぶす。

5　Aを加え混ぜ、ペースト状にする。

大豆のバターライス

材料(3〜4人分)

米…2合
ゆで大豆[P91参照]…1/2カップ
固形スープの素…1/2個
バター…10g
ローリエ…1枚
塩、黒こしょう…各適量

作り方

① 米はといでいつもの水加減にし、炊飯器にセットする。
② 刻んだ固形スープの素と塩ひとつまみを加えて軽く混ぜ、20分ほど浸水させる。
③ ゆで大豆、バター、ローリエをのせて普通に炊く。
④ 炊き上がったら10分ほど蒸らし、ざっくり混ぜて塩、こしょうで味をととのえる。

トマトソースのチキングリル＋バターライス

材料(2人分)

鶏もも肉…1枚(約280g)

A
- 白ワイン…大さじ1
- オリーブオイル…大さじ1
- おろしにんにく…1片分
- タイム…3枝(半分の長さに切る)
- 塩、黒こしょう…各適量

オリーブオイル…大さじ½

トマトソース…½量

バターライス…茶碗2杯分

パルミジャーノレジャーノ…適量

作り方

① 鶏肉は半分に切り、Aをもみこんで1時間ほどマリネする。

② フライパンを強火にかけてオリーブオイルを熱し、①を皮目から並べ入れる。薄く焼き色がついたら返し[a]、フライパンごと200℃に温めておいたオーブンに入れ、10分ほど焼く。

③ 金串をさし、火が通ったのを確かめ[P10／a]、取り出す。フライパンに残った焼き汁に①のマリネ液の残りとトマトソースを加え、火にかける。煮立ったら塩、黒こしょう(各分量外)で味をととのえる。

④ 器にバターライスを盛り、肉をのせる。ソースをまわしかけ、すりおろしたパルミジャーノをふりかける。

＊フライパンはオーブンに入れられる鉄製のものを使ってください。

a 鶏肉はフライパンで皮目だけ焼き目をつけてからオーブンに入れると、表面がカリッと中はふっくらジューシーに仕上がります。

トマトソース

材料

トマトの水煮(缶詰)…1缶

にんにく(大・薄切り)…1片分

オリーブオイル…大さじ3

塩…小さじ½

黒こしょう…適量

作り方

① トマトの水煮はボウルにあけ、手でよくくずす。

② 鍋にオリーブオイルを熱し、中弱火でにんにくを炒める。香りが出てきたら①と塩を加え、木べらでよく混ぜてから(→オリーブオイルとトマトをよく混ぜ、なじませてから煮始めると分離しにくい)中弱火で煮る。

③ ときどき混ぜながら煮(→フツフツとした状態で)、ツヤが出て半量くらいに煮詰まり、ポッテリしてきたら火をとめてこしょうをひく。

＊粗熱がとれたら密閉容器に入れ、冷蔵庫で4～5日間保存可能。

バターライス

材料(3～4人分)

米…2合

固形スープの素…½個

バター…10g

ローリエ…1枚

塩、黒こしょう…各適量

作り方

① 米はといでいつもの水加減にし、炊飯器にセットする。

② 刻んだ固形スープの素と塩ひとつまみを加えて軽く混ぜ、20分ほど浸水させる。

③ バターとローリエをのせ、普通に炊く。

④ 炊き上がったら10分ほど蒸らし、ざっくり混ぜて塩、こしょうで味をととのえる。

さわらの味噌漬け

3月…4月

材料(2人分)
さわら…2切れ
A
みそ(淡色)…100g
酒…大さじ2
みりん…大さじ2
きび砂糖…大さじ1/2
ごま油…大さじ1/2
菜の花…1/2束

作り方

① みそ床を作る。ボウルにAを合わせ、なめらかになるまでよく溶いてバットに移す。

② さわら(→余分な水分をふき取ってから)を①に並べ入れ、みそをまんべんなくかぶせる。ラップをし、冷蔵庫にひと晩おく。

③ つけ合わせを用意する。菜の花はゆでる直前まで水に放ち[a]、塩ひとつまみ(分量外)を加えた湯で色よくゆでる。ざるに上げて自然に冷まし、軽くしぼって3等分に切る。

④ さわらをみそ床から取り出し、まわりについたみそをよくふき取る[b]。フライパンを強火にかけ、ごま油を熱する。皮目を上にしてさわらを並べ入れ、ふたをして中火で焼く。香ばしい焼き目がついたら返し、再びふたをして弱火で蒸し焼きにする(→フライパンの中の温度が下がりすぎたら、一瞬火を強めながら)。さわらの身の厚いところに金串をさし、火が通ったのを確かめる[P10/a]。

⑤ 焼き上がったさわらと菜の花を器に盛り合わせる。

*魚をフライパンで焼く時は、はじめからふたをして中の温度を高温に保ったまま短時間で焼くと、ふっくら焼き上がります。ただ、味噌漬けの魚は焦げつきやすいので、焼ける音とにおいに注意しながら、火を弱めたり強めたりと加減してください。

*みそ床は2〜3回使えます。生鮭や真だい、かじきまぐろでもおいしくできます。

a 菜の花は買ってきたら水に放ちましょう。すぐに使わない場合でも、こうして生き返らせてから紙袋に入れ、ビニール袋で二重にして保存しておけば、2〜3日はピンピンしたままです。

b 焦げやすいので、みそはキッチンペーパーでよくふき取って。

ラムステーキ、焼きじゃがいも3種添え

材料（2人分）
ラム肉（ステーキ用）
…6切れ（約250g）
じゃがいも3種（キタアカリ、男爵、レッドムーン）…各1個
にんにく…½片
粗塩…小さじ½弱
オリーブオイル…大さじ2
バター…10g
白ワイン…大さじ2
パセリ…1枝
ディル…3枝
黒こしょう…適量

作り方
① ラム肉は両面に粗塩[a]をまぶす。こしょうとすりおろしたにんにくをまぶしつけ、冷蔵庫で2時間ほどマリネする。
② じゃがいもは弱火で丸ごとゆっくりゆで、皮ごと大きめの乱切りにする。
③ 肉は焼きはじめる30分ほど前に冷蔵庫から出し、室温にもどす。パセリとディルは粗みじんに切って合わせる。
④ フライパンにオリーブオイルを熱し、強火で②のじゃがいもをじっくり焼きつける。香ばしい焼き色がついてきたらフライパンの端によせ、バターを加えて③の肉を並べ入れる[b]。
⑤ 肉に香ばしい焼き色がついたら返し、裏も軽く焼く。
⑥ ワインを加えて水分をとばすようにあおり、パセリとディルを加える。フライパンをゆすりながら全体にからめ、こしょうをひいて器に盛りつける。

a　粒の粗い岩塩や海塩は、苦みや甘みも含んでいて「焼くだけ」のような野性味あふれる料理に合います。上はハワイアンソルト、下はフランスの塩。

b　ラム肉もいっしょに焼いて、おいしい肉汁をじゃがいもにしみこませます。

ラム肉の竜田揚げ

材料(2人分)

ラム肉(焼肉用)…200g

A
- おろししょうが…1片分
- おろしにんにく…1/2片分
- 酒…大さじ1
- しょうゆ…小さじ2
- 黒こしょう…適量

片栗粉…大さじ5

揚げ油…適量

つけ合わせ
- キャベツ…2枚
- きゅうり…1本
- 青じそ…5枚
- 塩…ふたつまみ
- 酢…大さじ2
- きび砂糖…小さじ2

ねり辛子…適量

作り方

① ボウルにラム肉を切らずに入れ、Aを加えてもみこむ。

② つけ合わせの甘酢和えを作る。キャベツは1cm幅のざく切り、きゅうりは少し厚めの輪切りにしてボウルに入れ、塩をふってなじませる。しばらくおいて出てきた水を捨て、大まかにちぎった青じそを加える。酢ときび砂糖を加え、ざっと混ぜる。

③ 揚げ油を中温(170℃)に熱する。①に片栗粉を加えてまんべんなく合わせる。手で1枚ずつ軽く丸めながら[a]、揚げ油に落としていく。中まで火が通ったら(→ひとつ取り出し、切って確かめるとよい。早かったら再び揚げ油に戻し、二度揚げする)網に上げ、油をきる。

④ 器に②と③を盛り合わせ、ねり辛子を添える。

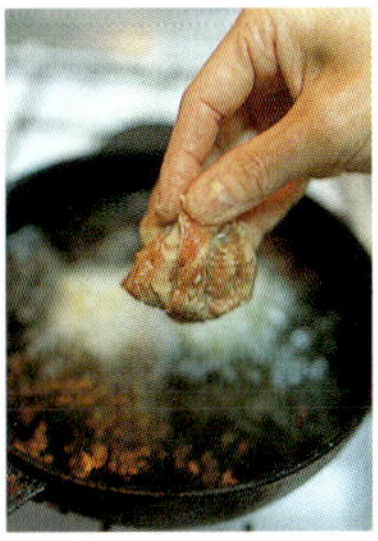

a

カンタン黒酢豚

7月〜8月

材料(2人分)

- 豚こま切れ肉…200g
- 下味
  - おろししょうが…1片分
  - 酒…小さじ1
  - しょうゆ…小さじ½
  - 黒こしょう…適量
- 片栗粉…大さじ2と½
- 玉ねぎ…½個
- A
  - にんにく(大・みじん切り)…1片分
  - 黒酢…大さじ3
  - きび砂糖…大さじ2
  - しょうゆ…大さじ1と½
  - オイスターソース…大さじ1
  - 鶏がらスープの素…小さじ1
  - 片栗粉…小さじ1
- ゴーヤー…6cm
- サラダ油…大さじ4
- ごま油…小さじ1

作り方

① ボウルに豚肉を切らずに入れ、下味の材料を加えてよくもみこむ。

② 玉ねぎは2〜3cm角に切る。Aを合わせ、よく混ぜ合わせる。

③ トッピングのゴーヤーを用意する。ゴーヤーはたて半分にしてワタと種をかき出し、薄切りにしてボウルに入れる。塩ひとつまみ(分量外)をふってよくもむ(↓しんなりして緑色が透き通り、冴えてくるまで)。ざるに上げ、流水をかける。

④ フライパンにサラダ油を熱する。①の肉に片栗粉を加えてなじませ、手で平たく丸めながら[a]カリッと揚げ焼きする。金串をさし、火が通ったのを確かめ[P10／a]、いったん器に取り出す。残りの油はフライパンに少し残して容器に移す(↓とっておいて炒め物に利用するとよい)。

⑤ 同じフライパンを強火にかけ、玉ねぎを炒める。軽くしんなりしたら④の肉を戻し入れ、Aをよく混ぜながら(↓片栗粉が溶けるように)加え、木べらで混ぜる。全体にとろみがからまり、ツヤが出てきたら香りづけのごま油をまわしかける。

⑥ 器に盛り、③のゴーヤーを軽くしぼってのせる。

a まわりがカリッと、中はふんわり揚がるよう、弱火と強火をいったりきたり。

黒酢…

まろやかな甘みのある黒酢を使っています。お気に入りのものを見つけてください。

昔ながらのマカロニグラタン

材料(2人分)

鶏肉…½枚(約140g)
玉ねぎ…½個
マカロニ…120g
オリーブオイル…大さじ½
バター…20g
薄力粉…大さじ2
牛乳…1と½カップ
ナツメグ…適量
塩、黒こしょう…各適量
粉チーズ…適量
パセリ…適量

作り方

① 鶏肉はひと口大に切り、塩、こしょうで軽く下味をつける。玉ねぎは8㎜厚さに切る。

② 鍋にたっぷりの湯を沸かし、塩を加えてマカロニをゆでる(→袋の表示より少しやわらかめに)。

③ フライパンを強火にかけてオリーブオイルを熱し、玉ねぎがしんなりするまで炒める。肉を加えて炒め合わせ、八分通り火が通ったらバターを加える。

④ バターが溶けたら弱火にし、薄力粉を加えてじっとりするまで(→粉とバターが合わさり、粉にも火を通す感じ)炒める。

⑤ ④に牛乳を加えて中火にし、木べらで混ぜながらとろみがつくまで煮る。なめらかになってきたら塩できっちり味をととのえ、ナツメグをすりおろす。さらにポッテリするまで2分ほど混ぜながら煮る。

⑥ ゆで上がったマカロニの湯をよくきって⑤に加え混ぜ、こしょうをひく。

⑦ バター(分量外)をぬった耐熱皿に移し入れて粉チーズをふりかけ、温めておいたオーブントースターで表面に焼き色がつくまで5分ほど焼く。刻んだパセリをふりかける。

たらこ入りマッシュポテトのグラタン

材料(2人分)

じゃがいも…2個
たらこ(大)…½腹
バター…15g
牛乳、生クリーム…各¼カップ
チーズ(溶けるタイプ)…70g
塩、黒こしょう…各適量

作り方

① じゃがいもは皮つきのまま、丸ごと鍋に重ならないように入れ、たっぷりの水を加えて強火にかける。沸いてきたら弱火に落とし、竹串がスッと通るようになるまでゆっくりゆでる。熱いうちに皮をむき、すり鉢ですりつぶす。

② ①にバターを加え混ぜ、(バターが完全に溶けたら)牛乳を少しずつ加えながらなめらかになるまで混ぜる。生クリームを加え、さらになめらかになるまで混ぜる。

③ 薄皮からしごき出したたらこと残った薄皮をちぎって加え、まんべんなく混ぜる。塩、こしょうで味をととのえる。

④ バター(分量外)をぬった耐熱皿に③をポッテリとならし、チーズをのせる。230℃のオーブンで20分ほど、香ばしい焼き色がつくまで焼く。

焼売

材料(3〜4人分)

豚ひき肉…300g
帆立(刺し身用・大)…3個(約100g)
玉ねぎ…1/2個
しいたけ(大)…2枚
干し貝柱…3個
焼売の皮…1袋(24枚)

A
- 酒…大さじ1
- きび砂糖…小さじ1/2
- しょうゆ…小さじ2
- 塩…小さじ1/2
- 黒こしょう…適量

片栗粉…大さじ2

たれ1
- 黒酢、しょうゆ(1:1の割合)…各適量
- しょうが(せん切り)…適量

たれ2
- ねり辛子、しょうゆ…各適量

香菜…適量

作り方

① 干し貝柱は3時間ほど水につけてもどし、細かくほぐす。もどし汁はとっておく。

② 帆立と玉ねぎはみじん切り、しいたけは軸とかさに分け、それぞれみじん切りにする。

③ ボウルにひき肉、①と②、貝柱のもどし汁大さじ1を入れ、Aを加えてねばりが出るまでよく混ぜる。片栗粉を加え、さらによく混ぜる。

④ 焼売の皮に③のあんを包み、キャベツ(分量外)を敷いたセイロに並べ入れる[a]。

⑤ 蒸気の上がったセイロで8〜9分、強火で蒸す(→蒸しすぎると皮が溶けてしまうので注意)。金串をさし、火が通ったのを確かめ[P10/a]、器に盛る。

⑥ たれの材料をそれぞれ合わせて小皿に用意し、ざく切りにした香菜を添える。

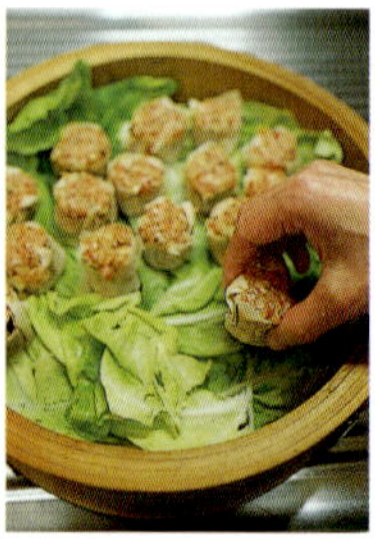

a

焼売の包み方

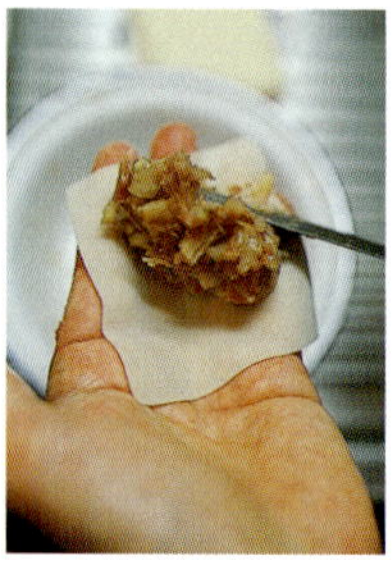

1 手の平に皮をのせ、ナイフで大さじ1強のあんをのせる。

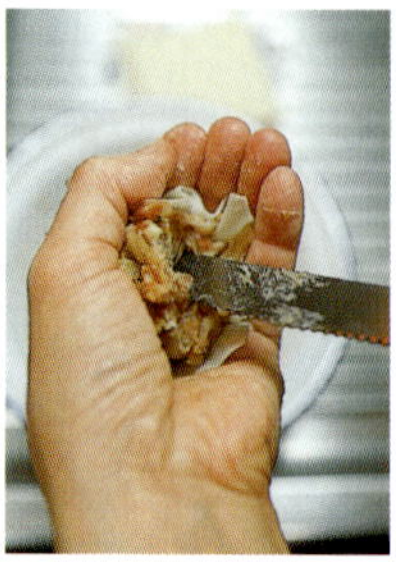

2 ナイフの先をまっすぐあんにさし(→皮をつきやぶらないように)、手の平のくぼみで軽く握り、ささえる。

3 手の平をまわしながら円筒形に形づくる(→焼売のほうを逆さにするとやりやすい)。

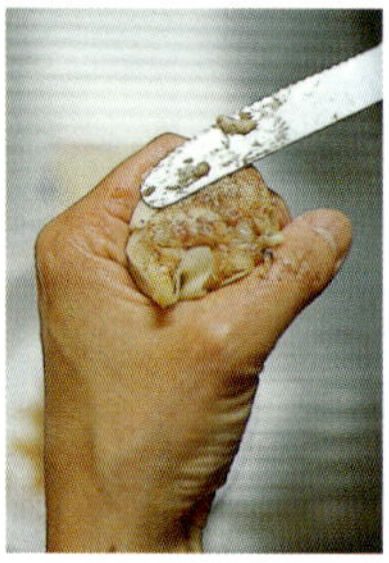

4 親指と人差し指で輪をつくり、指の上ですりきって表面を平らにならす。

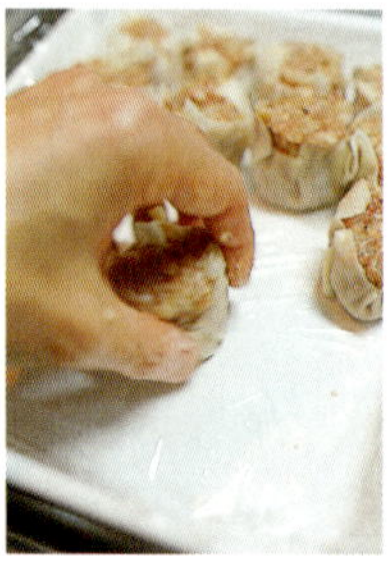

5 バットや皿の上で回転させながら、底を軽く打ちつけるようにして空気を抜き、形をととのえる(→焼売のウエスト部分をしぼるように、たて長、背高に形づくる)。

豚こま、もやし、ピーマン炒め

材料(2人分)

豚こま切れ肉…200g

A
- おろしにんにく…1片分
- 塩…小さじ½
- ごま油…大さじ1

もやし…1袋

ピーマン…2個

酒…大さじ1

ナンプラー…小さじ1

黒こしょう…適量

作り方

① 豚肉は食べやすい大きさに切ってボウルに入れ、Aを加えてもみこむ。もやしはざっと洗い、水けをよくふき取っておく。ピーマンはたて半分に切って種とヘタを取りのぞき、たてに細く切る(↓もやしの太さに合わせて)。

② フライパンを強火にかけ、油をひかずに①の肉を広げ焼きつける[a]。

③ もやしとピーマンを加えて手早く合わせ、すぐに酒をふってふたをし、15秒ほど蒸らす。

④ ざっくり混ぜてナンプラーで味をととのえ、シャキシャキのうちに火をとめてこしょうをひく。

*簡単なレシピですが、ちょっとしたコツでとてもおいしくなる料理です。もやしは器に盛ってからも余熱でどんどんしんなりしてしまいます。それを見越して〝まだ生かな?〟と思うくらいの炒め具合で盛りつけてください。

a　いじらずに放っておき、まわりが白っぽくなってきたらはじめて返す。豚肉から出てきた香ばしい脂で、もやしとピーマンを炒めます。

ごぼう入り大つくね

材料（2～3人分）

ごぼう…½本

A
- 鶏ひき肉（脂多め）…250g
- 長ねぎ（白い部分）…15cm
- おろししょうが…1片分
- 塩、黒こしょう…各適量

片栗粉…大さじ1

ごま油…大さじ1

しょうゆ…適量

ねり辛子…適量

マヨネーズ…適量

作り方

① ごぼうはたわしで泥をこすり洗い、たて半分に切ってから5mm厚さの斜め薄切りにする。切ったそばから水にさらし、軽くもんで2～3度水を取りかえる。ねぎは粗みじん切りにする。

② ボウルにAを入れ、よく混ぜる。さらに片栗粉を加え、ねばりが出るまでねる。

③ ざるに上げて水けをふき取ったごぼうを②に加え、ざっくり混ぜてひとまとめにする。

④ フライパンを強火にかけてごま油を熱し、③をひとまとめのままドサッと入れ、フライパンいっぱいに広げる「a」（→こわかったらいったん火をとめてもOK）。

⑤ ふたをして強火のまま香ばしい焼き目がつくまで焼き（→表面が白くなるまで）、裏返す。弱火に落とし、再びふたをして蒸し焼きにする。

⑥ 火が通ったら器に盛って黒こしょう（分量外）をひき、しょうゆ、ねり辛子、マヨネーズを合わせて添える。

a　ごぼうが均等に混ざるようにしながら、手で広げる。

さんまのワタソース

9月〜10月

材料（2人分）

さんま…2尾

A
- 酒…大さじ2
- しょうゆ…大さじ1

塩…適量

薄力粉…適量

ごま油…大さじ½

かぼす…適量

作り方

① さんまは頭を切り落とす。肛門までまっすぐに包丁を入れ、小皿にワタを取り出しておく。腹の中まで流水できれいに洗い流して半分に切り、切り目を下にしてざるに上げ、しばらくおく［a］。Aは合わせておく。

② さんまの水けをふき取り、軽く塩をふって薄力粉をまぶしつける。

③ フライパンを強火にかけてごま油を熱し、充分に熱くなったらさんまを並べ入れ、ふたをして焼く（→フライパンの中を高温に保ったまま）。

④ 香ばしい焼き色がついたら返し、ふたをして火を弱め、蒸し焼きにする。身の厚いところに金串をさし、火が通ったのを確かめて［P10／a］器に盛る。

⑤ フライパンに残った油を半量ほどふき取り、①のワタを強火で焼きつける［b］。Aを加えてほんのりとろみが出るまで煮詰め、器に盛りつけたさんまにまわしかける。かぼすをしぼって食べる。

＊バルサミコ酢を加え、仕上げにバターを落としてこしょうをひけば洋風になります。マッシュポテトや粉ふきいもを添えてどうぞ。

a さんまは逆さにすることで余分な血が流れます。ワタに混ざった血のかたまりも取りのぞいて。

b フライパンにワタを広げながら、ちょっと焦げつかせるような気持ちで焼きつける。

初がつおのお刺身サラダ

4月末～5月

材料(2人分)

初がつお(刺身用)…1サク(約200g)
新玉ねぎ…½個
生わかめ…ひとつかみ(約70g)

薬味
みょうが…2個
青じそ…5～6枚
万能ねぎ…適量

A
おろしにんにく…1片分
レモン汁…½個分
しょうゆ…大さじ2
ごま油…大さじ½

作り方

① Aを合わせてたれを作る。
② 新玉ねぎは薄切りにして軽く水にさらし、ざるに上げる。生わかめはざく切りにする。
③ 薬味のみょうがはたて半分にして斜め薄切り、青じそはせん切り、万能ねぎは小口切りにする。
④ 器に新玉ねぎを広げ、かつおを8㎜厚さに切りながらぐるりと並べる。
⑤ ③の薬味類をかつおの上にのせ、生わかめを添える。Aのたれをまわしかけて食べる。

＊初がつお、生わかめ、新玉ねぎのとり合わせは、年に一度の出合いもの。緑が美しい初夏ならではの味わいです。

カキと秋鮭のソテー

11月〜12月中旬

材料(2人分)

秋鮭…2切れ
カキ(加熱用)…120g
にんにく…½片
薄力粉…適量
オリーブオイル…大さじ1
バター…20g
酒…大さじ2
粒マスタード…大さじ½
しょうゆ…小さじ1
万能ねぎ…3〜4本
塩、黒こしょう…各適量

作り方

① 鮭は塩、こしょうをふり、すりおろしたにんにくをすりつけて冷蔵庫に入れ、20分ほどおいてなじませる。カキは洗ってざるに上げる[P108/a]。

② フライパンを強火にかけてオリーブオイルを熱し、①の鮭に薄力粉をまぶして並べ入れる。焼き目がついたら返し、ふたをして中火に落とし、軽く蒸し焼きにする(→両面に香ばしい焼き色をつける。中は八分焼きでよい)。

③ フライパンの端に鮭をよせ、バターを半量加える。①のカキに薄力粉をまぶして加え、強火で両面を焼きつける。酒をふりかけてふたをし、弱火で中まで火を通す。

④ 鮭を取り出し、器に盛る。

⑤ フライパンに残りのバター、粒マスタード、しょうゆを加え、刻んだ万能ねぎをたっぷり加えてソースを作る。カキにからませてこしょうをひき、④に盛り合わせる。

＊秋鮭は脂が少なめで淡白なので、早めに下味をつけると味がなじみやすくなります。

たらことはんぺん入りフワフワ卵

材料（2人分）

たらこ…½腹
はんぺん（大）…½枚（約60g）
卵…3個
牛乳…大さじ½
サラダ油…大さじ½
バター…10g
青じそ…5〜6枚
しょうゆ…適量

作り方

① ボウルに卵を溶きほぐし、牛乳を加える。たらこを薄皮からしごき出して加え混ぜる（→完全に混ざらなくても、ところどころかたまりがあるくらいでOK）。

② 1cmのさいの目に切ったはんぺんを①に加え、ざっと合わせる。

③ フライパンにサラダ油を入れて強火にかけ、バターを加える。バターが泡立ってきたら②を流し入れ、菜箸で大きく混ぜる。半熟に焼きながらフライパンの端によせ、オムレツの形にする。

④ フライパンを返しながら皿に盛りつけ、せん切りにした青じそをのせる。しょうゆをちょっと落として食べる。

＊たらこは、ふたつつながりでひと腹です。

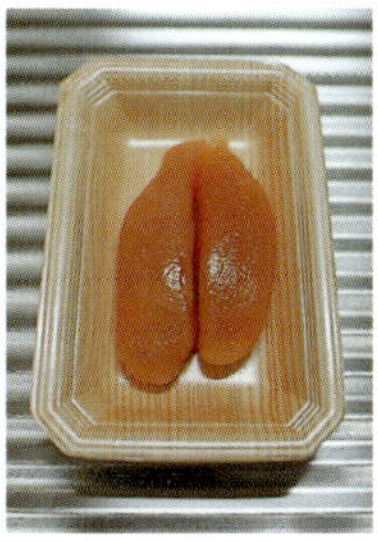

白菜と豚バラの重ね蒸し

11月—2月初旬

材料(2人分)

白菜…¼個
豚バラ薄切り肉…150g
塩…小さじ1弱
酒…¼カップ
ごま油…大さじ1
大根、万能ねぎ…各適量
ポン酢しょうゆ…適量

作り方

① 白菜は芯を取って、横半分に切り、さらにたて半分に切る。豚肉は10cm長さに切る。大根をおろし、万能ねぎは刻む。

② 厚手の鍋に白菜と肉を交互に重ね入れる(↓いちばん下と上に白菜がくるように)。肉の上にそのつど塩少々をふりながら、白菜を押しこむように重ねていく(↓いちばん上に緑の濃い部分をかぶせると仕上がりの色がきれい)。酒とごま油をふりかけ、ふたをして強火にかける。

③ 沸いてきたら弱火にし、15～20分ほど蒸し煮する(↓鍋の中はクツクツと泡が立っている状態)。

④ 肉に火が通って白菜がクタッとしたら火をとめ、切り分けて煮汁ごと器に盛りつける。軽く水けをきった大根おろしと万能ねぎをのせ、ポン酢しょうゆをかけて食べる。

白菜と豚バラの春巻き

11月〜2月初旬

材料(4〜5人分)
- 白菜…1/6個
- 豚バラ薄切り肉…120g
- 干ししいたけ…2枚
- 長ねぎ(白い部分)…1本
- 春巻きの皮…2袋(20枚)
- A
  - 酒…大さじ2
  - スープ(鶏がらスープの素大さじ1/2+湯1/2カップ)
  - 干ししいたけのもどし汁…1/4カップ
- 塩、黒こしょう…各適量
- 水溶き片栗粉(片栗粉大さじ2+水大さじ3)
- 揚げ油…適量
- たれ1
  - 黒酢、しょうゆ…各適量
- たれ2
  - ねり辛子、しょうゆ、酢…各適量
- ごま油…大さじ1
- 香菜…適量

作り方

① 干ししいたけはもどし「P70/a」、かさは半分に切ってから薄切り、軸も薄切りにする。白菜は4cm長さの細切り、豚肉も細切りにする。ねぎは粗みじんに切る。

② フライパンにごま油を熱し、強火でねぎを炒める。軽くしんなりしたら肉、しいたけを加えて炒め、塩をひとふりする。肉の色が変わったら白菜を加える。すぐにAを加えて塩、こしょうし、ふたをして中火に落とし、蒸らし炒めにする。

③ 白菜がしんなりして水分が煮汁ににじみ出てきたら、水溶き片栗粉を少しずつ加え、とろみをつける(→木べらで混ぜながらしばらくフツフツと煮、かためにとろみをつける)。バットに移し、粗熱がとれるまでおく。

④ 春巻きの皮をすべてはがす。

⑤ 皮に③をのせ、10cmの長さに小さく巻く。巻き終わりはかために溶いた水溶き薄力粉(分量外)でとめる。

⑥ 揚げ油を中温(170℃)に熱し、⑤をきつね色にカラリと揚げる。

⑦ たれをそれぞれ器に用意し、刻んだ香菜とともに盛りつける。

*手早く具を巻けるように、春巻きの皮は一度にはがしておきましょう。ふきんをかけておけば、乾燥することもありません。

干し白菜を使って

干し白菜の即席漬け

11月—2月初旬

材料（2人分）

干し白菜…1/2量
塩…ひとつまみ
柚子のしぼり汁…1/2個分
薄口しょうゆ…小さじ1
昆布…3 cm角×1枚
柚子皮…適量

作り方

① 干し白菜は芯を切り落とす。大きめのざく切りにしてボウルに入れ、手でひと口大にちぎる（→味がしみやすいように）。

② 塩、柚子のしぼり汁、薄口しょうゆ、細切りにした昆布、刻んだ柚子皮を加え、キュッキュッともんでしんなりさせる。

*すぐに食べられますが、出てきた水分ごと容器に移して冷蔵庫でしばらくおくと味がなじみます。

白菜の干し方

① 白菜1/4個は、たて半分に切ってざるにのせる。

② 日なたで半日ほど、葉先がしんなりするまで干す［a］。

*日に干すと甘みが出て、白菜の味が濃くなります。

a

干し白菜を使って

干し白菜と豚バラのくたくた煮

11月〜2月初旬

材料（2〜3人分）

干し白菜…全量
豚バラ薄切り肉…180g
A
 スープ（鶏がらスープの素大さじ1＋湯3カップ）
 酒…½カップ
 昆布…5cm角×1枚
薄口しょうゆ…小さじ2
塩、黒こしょう…各適量
水溶き片栗粉（片栗粉大さじ1と½＋水大さじ3）
ごま油…大さじ½
万能ねぎ…適量
黒七味…適量

作り方

① 干し白菜は芯を切り落とし、5cm幅のざく切り、豚肉は4cm長さに切る。

② 厚手の鍋にごま油を熱し、強火で肉を炒める。白っぽくなって脂が出てきたら塩、こしょうをふり、白菜を加える（→こんもりのせてOK）。

③ 白菜の上からAを加えてふたをする。煮立ってきたらアクをすくい、再びふたをして弱火で20分ほど煮る（→白菜がクタッとするまで）。

④ 昆布を取り出し、食べやすい大きさに切って戻し入れる。薄口しょうゆと塩で味をととのえ、水溶き片栗粉を少しずつ加えて薄いとろみをつける。

⑤ 器に盛り、刻んだ万能ねぎをのせる。黒七味をふって食べる。

新じゃが、そら豆、ちくわのかき揚げ

4月中旬〜6月初旬

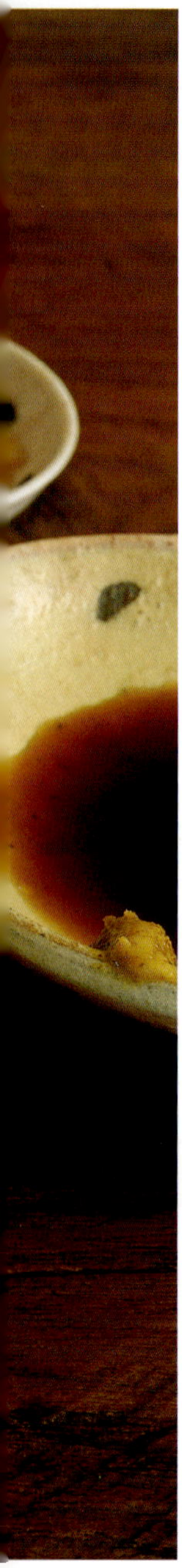

材料(2人分)

新じゃがいも(小粒)…300g
そら豆…15粒
ちくわ…2本
青のり…大さじ1
桜えび…大さじ3

衣
- 卵…1/2個
- 冷水…適量
- 薄力粉…1/2カップ

揚げ油…適量
ごま油…適量
塩…適量
辛子、酢、しょうゆ…各適量

作り方

① 新じゃがいもは皮ごとゆでてざるに上げ、粗熱がとれたら半分に切る。そら豆は薄皮をむき、半分に割る。ちくわはたて半分にし、ひと口大に切る。

② ボウルに①を入れ、薄力粉大さじ1(分量外)を全体にまぶしつける(↓具がはなれにくくなる)。青のりと桜えびを加えてざっと手で合わせる。

③ 別のボウルで衣を作る。卵を溶きほぐし、冷水を加えて1/2カップ分にする。粉を入れ、さっくり混ぜる(↓粒が残っているくらいでOK。混ぜすぎないように)。

④ 揚げる。揚げ油に風味づけのごま油を加え、中温(170℃)に熱する。③のボウルに②を加えてざっくり合わせ、大きめのスプーンで適量をすくい、菜箸で押さえながら鍋のふちからすべらせるように落とす(↓まとまるまでしばらくいじらない)。ときどき返しながらカリッと揚げる。

⑤ 油をきって盛りつけ、塩、または辛子酢じょうゆをつけて食べる。

*そら豆の緑がくすまないよう、揚げすぎに注意してください。

新じゃがいものゆで方

① 新じゃがいもは、たわしで泥をこすり洗い、皮ごと鍋に入れる。

② かぶるくらいの水を加え、強火にかける。沸いてきたら強めの中火に落とし、水面が軽くボコボコした状態で[a](↓じゃがいも同士がぶつからないくらいの火加減)15分ほどゆでる。竹串をさしてスッと通ったら、ざるに上げる。

*新じゃがも春野菜の仲間です。水分が多いので、ひねたじゃがいものように弱火でじっくりゆでると、水っぽくなってしまいます。

a

塩豚を使って

塩豚厚切り、焼くだけ

材料(2人分)

塩豚…300g
ごま油…小さじ1
黒こしょう…適量

たれ
大根おろし、万能ねぎ
…各適量
ポン酢しょうゆ…適量

作り方

① 塩豚はたて半分に切ってから厚切り、万能ねぎは小口切りにする。

② フライパンにごま油をひいて強火にかけ、塩豚を並べ入れる。まわりが白っぽくなるまでいじらず、香ばしい焦げ目がついたところで返し(→八分通り焼けているので、裏面は軽く焼くだけでよい)、こしょうをひく。

③ 熱々のフライパンごと食卓に出し、軽く水けをきった大根おろし、万能ねぎ、ポン酢しょうゆを合わせたたれを添える。

塩豚の作り方

材料(作りやすい分量)

豚肩ロース肉(ブロック)
…500g
塩…大さじ1/2

*傷みの原因になるので、豚肉を買ってきたらその日のうちに作りましょう。

*塩は自然塩を。かたまり肉1kgに対して塩大さじ1が目安なので、豚肉の量に合わせて調整してください。通常の塩豚に比べて塩分が少ないので、塩抜きせずにすぐ調理できます。

1 豚肉はさっと洗ってぬめりをとり、水けをよくふき取る。

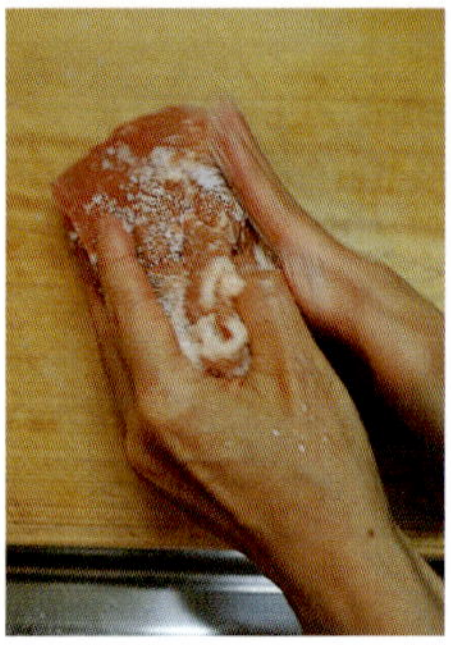

2 表面にまんべんなく塩をまぶし、手で軽くすりこむ。

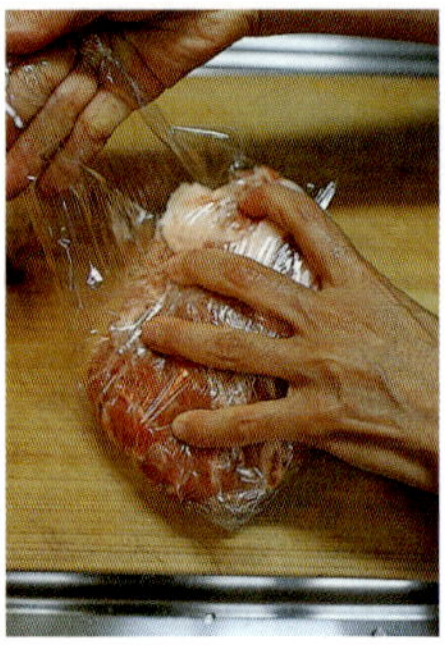

3 ラップでぴっちり包み、ポリ袋に入れて冷蔵庫で保存する。

全体に塩がなじみ、赤身に透明感が出てきた2日目以降が食べ頃。日がたつにつれてうまみが増す。
*5日間ほど保存可能。

塩豚とキャベツの鍋蒸し煮の作り方

材料（4人分）

塩豚［P42参照］…500g
キャベツ…1個
にんにく…1片
マッシュルーム
…1パック（8個）
オリーブオイル…大さじ2強
白ワイン…1/4カップ
バター…10g
生クリーム……1/2カップ
ディル、パセリ…各適量
塩、黒こしょう…各適量

作り方

1　塩豚は横半分に切る。キャベツはくし型に切り、芯をのぞく。にんにくはみじん切り、マッシュルームは薄切りにする。

2　厚手の鍋にオリーブオイルを熱し、弱火でにんにくを炒める。香りが出てきたらマッシュルームを加え、しんなりして茶色っぽくなるまで中弱火で炒める。

3　強火にして白ワインを加え、鍋の香ばしい焦げつきを木べらでこそげ取りながらアルコール分をとばす。

4　火をとめ、塩豚を並べ入れる。

5　キャベツを肉の上にかぶせる。肉のまわりにもキャベツを詰める。塩ひとつまみをふってバターをのせる。

6　ふたをして強火にかける。沸いてきたら中弱火に落とし、火加減しながら20分ほど蒸し煮する。

7　キャベツがしんなりしてカサが減ったら塩豚を取り出し、それぞれ半分の厚さに切って鍋に戻し入れる。再びふたをし、さらに20～30分煮る。

8　キャベツがくったりし、肉が箸でちぎれるくらいにやわらかくなったら生クリームを加える。ひと煮立ちしたら塩で味をととのえ、刻んだディルとパセリをたっぷり加え、こしょうをひく。

塩豚を使って

塩豚とキャベツの鍋蒸し煮、トマトパスタ添え

材料(4人分)

塩豚とキャベツの鍋蒸し煮…全量

トマトパスタ
- オレキエッテ…200g
- トマトソース［P19参照］…全量

塩、黒こしょう…各適量

作り方

① トマトパスタを作る。

鍋にたっぷりの湯を沸かし、塩を加えてオレキエッテをゆでる(→袋の表示より少しやわらかめに)。

② フライパンまたは平鍋でトマトソースを温める。ゆでたてのパスタを加えてからめ、塩で味をととのえ、こしょうをひく。

③ 器に塩豚とキャベツの鍋蒸し煮を煮汁ごと盛りつけ、②のトマトパスタを添える。

塩豚とパプリカの鍋蒸し煮の作り方

材料（4人分）

塩豚［P42参照］…500g

マリネ用ペースト
- にんにく（薄切り）…2片分
- 黒粒こしょう…小さじ2/3
- オリーブオイル…大さじ2

パプリカ（赤）…2個

白ワイン…2/3カップ

作り方

1 マリネ用ペーストを作る。にんにくをすり鉢で大まかにつぶし、こしょうを加えてさらにつぶす。オリーブオイルを加え、ペースト状にする。

2 塩豚をマリネする。横2cm厚さに切った塩豚を1のすり鉢に加えてからめ、30分ほどおいてなじませる。

3 厚手の鍋を強火にかけ、2の塩豚を広げて焼きつける（→油は入れない）。

4 大きめの乱切りにしたパプリカを加え、鍋底にうっすら焦げ目がつくまで炒める。

5 白ワインを加える。

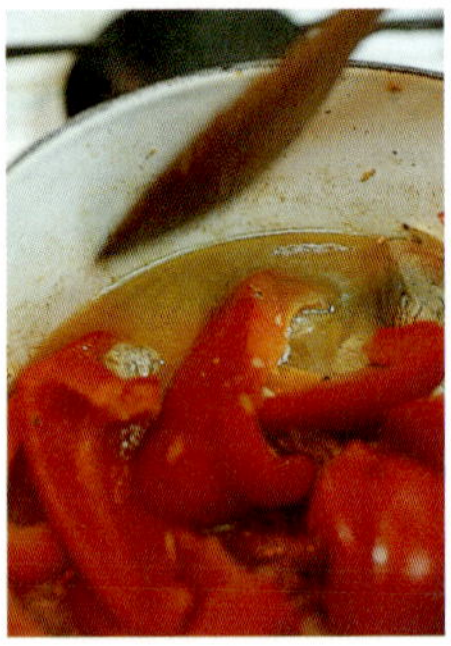

6 鍋の焦げつきを木べらでこそげ取り、ふたをして弱火で蒸し煮にする。

7 15分ほどしたら、再び鍋のまわりの香ばしい焦げつきをこそげ取って煮汁になじませる。

8 ふたをし、ときどき混ぜながら中弱火で30〜40分ほど煮る。パプリカがとろけて煮汁にとろみがついたら火をとめる。

塩豚を使って

塩豚とパプリカの鍋蒸し煮＋ターメリックライス

材料（3〜4人分）

塩豚とパプリカの鍋蒸し煮…全量

ターメリックライス

- 米…2合
- ターメリック…小さじ½
- レモングラス…5〜6本
- バター…10g
- 塩、黒こしょう…各適量

ブロッコリー…1株

レモン…適量

作り方

① ターメリックライスを作る。米はといでいつもの水加減にし、炊飯器にセットして20〜30分浸水させる。

② ターメリックを加えてよく混ぜ、レモングラスとバターをのせて普通に炊く。

③ 10分ほど蒸らし、レモングラスを取りのぞく。塩、こしょうを加えてざっと混ぜる。

④ 器に塩豚とパプリカの鍋蒸し煮、小房に分けてやわらかめにゆでたブロッコリー、ターメリックライスを盛り合わせる。レモンをしぼって食べる。

塩豚を使って

沖縄風豚汁

7月 8月

材料(2人分)

塩豚[P42参照]…200g
酒…大さじ2
昆布…5cm角×1枚
大根…3cm
にんじん…½本
ゴーヤー…5cm
みそ…大さじ2と½

作り方

① 塩豚はひと口大に切って鍋に入れる。水4カップ、酒、昆布を加えて強火にかける。
② 沸いてきたらアクをすくって弱火にし、塩豚からだしが出て、汁にコクが出るまで煮る。
③ いちょう切りにした大根とにんじんを加えてやわらかくなるまで煮、みそを溶き入れる。昆布は食べやすい大きさに切って戻し入れる。
④ ゴーヤーはたて半分に切って種とワタを取りのぞき、薄切りにする。塩ひとつまみ(分量外)でもんで流水で洗い、水けをしぼって③に加える。ひと煮立ちしたら火をとめる。

*色と歯ごたえを残したいので、ゴーヤーは塩もみにして仕上げに加え、ほとんど火を通しません。

塩豚を使って
肉おでん

材料（4人分）

具
- 塩豚［P42参照］…500g
- 大根…⅓本
- こんにゃく…1枚
- ちくわ（大）…2本
- ちくわぶ…1本
- さつまあげ…4枚
- ゆで卵…4個
- 結び昆布…4本
- 焼き豆腐…1丁
- がんもどき…4個

スープ
- 酒…½カップ
- 昆布…5cm角×1枚
- 薄口しょうゆ…小さじ2

柚子こしょう…適量

作り方

① 塩豚は4つに切り、大きめの鍋に入れる。酒、昆布、水1・5ℓを加えて強火にかける。煮立ったらアクをすくって弱火にし、スープにコクが出るまで40分ほど煮る。

② 大根は3cm厚さの輪切りにして皮をむく。こんにゃくは三角に4等分し、水から下ゆでする（→グラッときたら1～2分。ハリが出てブリッとするまで）。ちくわは斜め半分、ちくわぶは4等分の長さに切る。焼き豆腐は4つに切る。

③ ①の昆布を取りのぞく。塩豚を取り出し、それぞれ半分に切って戻し入れる。薄口しょうゆを加えて薄めに味をととのえ、焼き豆腐とがんもどき以外の具を加える。

④ ふたをずらし、とろ火で2時間ほど煮る。途中、1時間ほど煮たところで焼き豆腐とがんもどきを加える。味がしみたら鍋ごと食卓に出し、柚子こしょうを添える。

塩豚を使って

洋風肉じゃが（塩豚と新じゃがのポットロースト）

3月…5月

材料（4人分）

塩豚［P42参照］…500g
新じゃがいも（小粒）
…500g
玉ねぎ…1個
にんにく…2片
オリーブオイル…大さじ2
ローズマリー（ドライ）
…小さじ1
白ワイン…1/4カップ
パセリ…1枝
黒こしょう…適量
粒マスタード…適量

作り方

① 塩豚は半分に切る。新じゃがいもは泥をこすり洗う。玉ねぎは半分に切って薄切り、にんにくは包丁の腹でつぶす。

② オーブンに入れられる厚手の鍋にオリーブオイルを熱し、中火でにんにくを炒める。薄い焼き色がついたら玉ねぎを加え、強めの中火で火加減しながら炒める（→ところどころきつね色になってきたら、鍋についた香ばしい焦げつきをこそげ取りながら［a］）。

③ ②にローズマリーを加え混ぜ、鍋の端によせる。強火にし、あいたところで塩豚を焼きつける［b］。

④ ③の塩豚の上に炒めた玉ねぎをかぶせ、まわりにじゃがいもを詰めて軽く塩（分量外）をふる。白ワインをふりかけ［c］、ふたをして230℃に温めておいたオーブンで50分ほど蒸し焼きにする。

⑤ 肉に火が通ったら出来上がり（→煮汁が煮詰まってとろみが出るまで）。粗みじんに切ったパセリを全体に加え混ぜる。

⑥ 半分に切った肉とじゃがいもを器に盛り合わせ、こしょうをひいて粒マスタードを添える。

＊玉ねぎは弱火でアメ色に炒めるのではなく、焦がすくらいの気持ちで大ざっぱに炒めましょう。オーブンの中で蒸し煮されている間にまんべんなくアメ色になり、甘みと香ばしさがからまり出ます。

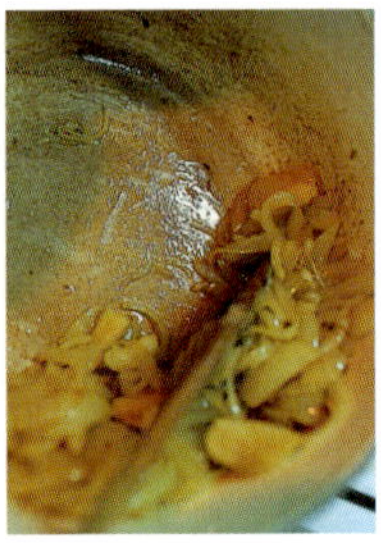

a　鍋のまわりについた焦げつきは、玉ねぎをよせて鍋肌をしめらせると、取りやすくなります。

b

c　ジュージューと音がしてきたら白ワインをふりかける。

あさりと春キャベツのさっと煮

3月〜5月

材料(4人分)

あさり(大粒)…400g
春キャベツ…½個
A
- スープ(鶏がらスープの素小さじ½＋湯½カップ)
- 酒…大さじ3

B
- ナンプラー…小さじ1
- ごま油…大さじ1

黒こしょう…適量

作り方

① あさりを砂抜きする。春キャベツは大きめのざく切りにして水に放つ。Aは合わせておく。

② 厚手の鍋にあさりを入れ、Aを加える。ざるに上げて水けをきったキャベツをのせ(→あさりの上にふたをするように[a]。入りきらなかったら、カサが減ったところで残りを加える)、Bを加えてふたをし、強火にかける。

③ 沸いてきたら(→あさりの口が開きはじめている状態)弱火にして3〜4分煮、キャベツがシャキシャキの状態で早めに火をとめる。器に盛ってこしょうをひく。

*あさりとキャベツから出るおいしい水分が薄まらないように、加えるスープは少なめです。大事なのは火加減。鍋の中に蒸気がまわっている状態をキープしてください。

*春キャベツは余熱でも充分やわらかくなるので、くれぐれも煮すぎないように。

a

砂抜きの仕方

1　あさりはボウルに入れ、塩水に1〜2時間つけて砂抜きする(→塩水は、あさりのいた環境を考えて、味をみながら海水程度に)。

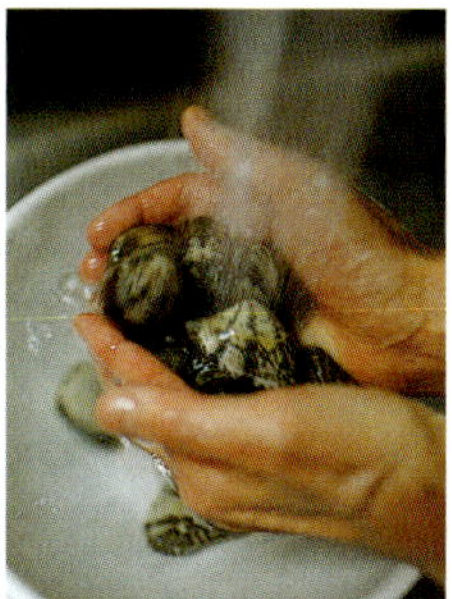

2　使う直前に流水で殻をよくこすり洗い、ぬめりを取る。

にら玉

材料(2人分)

にら…1束

卵…2個

塩、黒こしょう…各適量

ごま油…大さじ1

A

スープ…(鶏がらスープの素小さじ1+水½カップ)

きび砂糖…大さじ1

しょうゆ…大さじ1

黒酢…大さじ1

オイスターソース…小さじ1

片栗粉…大さじ½

作り方

① にらは根元のかたいところを1cm長さに、残りは5cm長さに切り、分けておく[a]。卵は割りほぐし、塩、こしょうを加え混ぜる。Aは合わせる。

② フライパンを強火にかける。ごま油大さじ½を入れ、にらの根元部分を先に炒める[b]。緑が鮮やかになったら、残りのにらを加えてざっと炒める(→シャキシャキが残るくらいの半生でOK)。

③ ②に残りのごま油を加えて卵液を流し入れる。菜箸で大きくかき混ぜながら半熟に焼き、フライパンの端によせて形づくる。フライパンを返しながら器に盛る。

④ あんを作る。同じフライパンにAを混ぜながら(→片栗粉が溶けるように)入れ、強火にかける。とろみとツヤが出るまで木べらで混ぜながらよく煮立て、③にかける。

a

b　根元がいちばん風味があっておいしいところ。かたいので先によく炒めます。

ちりめん山椒入り卵焼き

材料（2人分）

卵…3個
ちりめん山椒…大さじ2
青じそ…3枚
大根…3cm
ごま油…大さじ1
しょうゆ…適量

作り方

① 大根はおろし、ざるに上げて水けをきる。ボウルに卵を溶きほぐし、ちりめん山椒と細切りにした青じそを加え混ぜる。

② フライパンにごま油を強火で熱し、卵液を流し入れる。菜箸で大きくかき混ぜながら半熟に焼き、フライパンの端によせて形づくる。

③ 器に盛って大根おろしをのせ、しょうゆを落として食べる。

ふきと油揚げの薄味煮

3月—4月

材料(4人分)

ふき…2本

油揚げ…1枚

A
- だし汁…2カップ
- 酒…大さじ1
- みりん…小さじ1
- 薄口しょうゆ…小さじ2
- 塩…小さじ$\frac{1}{2}$

作り方

① 油揚げはたて横半分にし、8つの三角形に切る。熱湯でさっとゆでて油抜きし、ざるに上げる。ふきは下ゆでして5㎝長さに切りそろえる。

② 鍋にAを沸かし、煮立ったら油揚げを加えて弱火でさっと煮る。ふきを加えてひと煮立ちさせ、火をとめる。煮汁ごと器に盛りつける。

＊下ゆでしたふきの緑色を残すため、煮るのはほんのひと呼吸にしてください。そのままでも食べられるくらいにゆでておき、キリッと炊き合わせます。早めに火をとめると、香りも歯ごたえもくっきり残ります。

薄味煮が残ったら…

ふきと油揚げの白和え

3月…4月

材料(2人分)

ふきと油揚げの薄味煮…約1カップ

木綿豆腐…1/2丁(約150g)

白ごま…大さじ2

A
- 酒…小さじ1/2
- きび砂糖…大さじ1/2
- 薄口しょうゆ…小さじ1
- 塩…小さじ1/3

作り方

① 豆腐はキッチンペーパーに包み、15分ほど水きりする(→重しはしない)。

② 薄味煮のふきは斜め半分に切り、油揚げは煮汁を軽くしぼって細切りにする。合わせてざるにのせ、しっかり水けをきる。

③ 香ばしく炒ったごまをすり鉢でよくすり、①の豆腐を加えてすり混ぜる。Aを加えてなめらかになるまですり合わせ、②のふきと油揚げを加える。ざっくり和えて器に盛る。

*ふきの煮物は甘みが控えめなので、和え衣はちょっと甘めの味つけが合います。

ふきの下ゆでの仕方

1 大きめの鍋にたっぷりの湯を沸かす。

2 ふきは葉を切り落とし、鍋の直径に合わせて切る。

3 まな板の上にふきを並べ、塩をたっぷりふって板ずりする(→両手の平で軽く押さえながら、ふきのまわりにしっとり水が出るまで転がす)。

4 塩がついたまま、3を太いものから熱湯に入れて2～3分ゆでる(→時間差で細いものも加える。鮮やかな緑になり、表面がほんのり透き通ってくるまで)。

5 流水にとって冷ましながら、皮をひっぱってむく(→ふきが完全に冷めるまで流水にさらす)。

春のやりいかスミ炒め

3月〜4月初旬

材料（2人分）

やりいか…400g
赤唐辛子…1本
にんにく…1片
オリーブオイル…大さじ2
白ワイン…大さじ2
塩、黒こしょう…各適量

作り方

① 赤唐辛子は半分に切って種をのぞき、小口切りにする。にんにくは半分に切って芯を取りのぞき、薄切りにする。

② いかをさばく。胴の中に指を入れ、足のつけ根をはずす。ワタごと足をひき出し、胴にはりついている軟骨を取る。足を切りはなし、ワタはざく切りにして器にとっておく[a]。目と口は取りのぞく。胴は皮ごと3cm幅の輪切りにし、足は3本ずつくらいに切りはなす[b]。

③ フライパンにオリーブオイルを熱し、中火でにんにくを炒める。香りが出てきたら強火にし、赤唐辛子といかを加えて炒める。

④ いかが赤くなってきたらワタを加えて炒め合わせ（→ワタがジリジリするまで焼きつけるように）、白ワインを加えて手早く炒りつける。塩で味をととのえ、こしょうをひく。

a　ワタはスミ袋ごとざく切りにする。

b

やりいか…

春先に出まわる小さなやりいかはとてもやわらかく、甘みがあるのでくれぐれも炒めすぎないように。新鮮なものなら、お腹の中の卵や白子ごと食べられます。

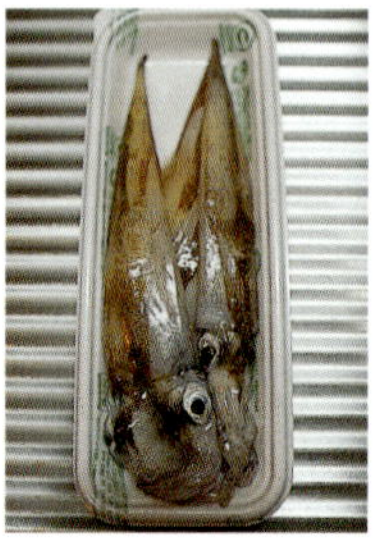

初夏のスルメいか、あっさりゆで

6月初旬〜7月

材料(2人分)

スルメいか(小)…2ハイ

酒…適量

ワタじょうゆ：しょうゆ：いかワタ…1：2の割合で合わせる

すだちしょうゆ：すだち：しょうゆ…各適量(しょうゆにすだちをしぼる)

薬味：おろししょうが…適量、みょうが…1個

作り方

① いかをさばく。胴の中に指を入れ、足のつけ根をはずす。ワタごと足をひき出し、胴にはりついている軟骨を取って、ぬめりがとれるよう中までよく洗う。足を切りはなし、ワタは器にとっておく。目と口は取りのぞく。胴は皮ごと2〜3cmの輪切りにし、足は3〜4本ずつ切りはなす。

② ワタじょうゆを作る。取り出したワタはスミ袋をやぶらないように取りのぞき、切り目を入れて器にしごき出す。箸やスプーンでほぐしながら、しょうゆを加え混ぜる。

③ 鍋に湯を沸かし、煮立ったら酒を加えて①のいかをゆでる(→箸で軽く混ぜながら、赤くプリッとしてきたらOK。二度目の沸騰直前で引き上げる)。

④ ざるに上げ、水けをよくきって器に盛る。ワタじょうゆとすだちしょうゆ、おろししょうが、たて半分にしてから小口切りにしたみょうがを添え、熱いうちに食べる。

スルメいか…
初夏に出まわる小ぶりの若いスルメいかは、ワタはまだ小さいけれど、甘みがあってとてもやわらかです。さっとゆでるだけで、何もつけなくてもおいしいくらい。

ブリの照焼き

11月〜2月中旬

材料（2人分）

ブリ…2切れ

A
- 酒、みりん、しょうゆ…各大さじ1と½
- きび砂糖…小さじ2

ごま油…小さじ1

大根…5cm

粉山椒…適量

かぼす…適量

作り方

① 大根はおろし、ざるに上げて水けをきる。ブリは両面に塩（分量外）をふる。Aは合わせておく。

② フライパンにごま油を強火で熱し、ブリを並べ入れる。しっかり焼き色がついたら返し、ふたをして弱火で蒸し焼きにする。

③ 金串をさし、火が通ったのを確かめ［P10／a］、いったん火からおろす。余分な油をふき取り、Aを加えて強火にかける。汁けをとばすようにフライパンをゆすりながら、ブリにからめる（→軽くとろみがつくまで）。

④ 器に盛って大根おろしをのせ、フライパンに残ったたれをかける。粉山椒をふってかぼすを添える。

「ご飯がすすむ　小さいおかず」

たずなこんにゃくの炒り煮、静岡風

材料（2人分）

こんにゃく（大）

…1枚（約350g）

A
- だし汁…1カップ
- 酒…大さじ1
- しょうゆ…大さじ1

かつおぶし…ひとつかみ

青のり…適量

作り方

① こんにゃくは8㎜ほどの厚さに切り、たずなこんにゃくにする。

② ①を水から下ゆでし（↓グラッときたら1〜2分。ハリが出てブリッとするまで）、ざるに上げる。

③ 鍋に下ゆでしたこんにゃくを入れ、Aを加えて強火にかける。煮立ったらアクをすくって弱火にし、落としぶたをして煮含める。

④ こんにゃくに味がしみ、煮汁がほとんどなくなったら一瞬強火にして煮切る。火からおろし、かつおぶしを加える。青のりも加え、ざっと合わせて器に盛る。

＊子供のころ、おでん屋さんの屋台が来るのを楽しみにしていました。おでんといってもこんにゃく一種類で、しっかり味のしみた三角形の串ざしに、さば節と青のりをまぶしたものでした。町内中をリヤカーでまわっていたおじさんのその味が、お手本の炒り煮です。

たずなこんにゃくの仕方

1　上下を少し残して、中央に切り込みを入れる。

2　切り込みにこんにゃくの片側をくぐらせ引っぱり出す。

しらたきと牛こまの炒り煮

材料(2〜3人分)

しらたき(大)
…1パック(約350g)
牛こま切れ肉…100g

A
- だし汁…½カップ
- 酒…大さじ2
- みりん…大さじ2
- きび砂糖…大さじ2
- しょうゆ…大さじ3

ごま油…大さじ½
粉山椒…適量

作り方

① しらたきは水から下ゆでし(→軽くひと煮立ちしたらOK)、ざるに上げて食べやすい長さに切る。牛肉はひと口大に切る。

② 鍋にごま油を熱し、強火で肉を炒める。色が変わってきたら①のしらたきを加え、ざっと炒め合わせる。

③ Aを加え、煮立ったらアクをすくう[a]。中弱火にして落としぶたをし、煮含める。

④ しらたきがチリチリし、煮汁がほとんどなくなったら火をとめる。器に盛り、粉山椒をふる。

＊粗熱がとれたら密閉容器に入れ、冷蔵庫で4〜5日間保存可能。

a　煮汁が少なめの時は、鍋を少し傾けてひとところにアクを集めるとすくいやすい。

新ごぼう、糸こん、まいたけの炒り煮

4月—7月

材料(作りやすい分量)

新ごぼう…1本
糸こんにゃく…1パック
まいたけ…1パック
ごま油…大さじ1

A
だし汁…¼カップ
酒…¼カップ
みりん…大さじ2
きび砂糖…小さじ2
しょうゆ…大さじ2

粉山椒…適量

作り方

① 新ごぼうはたわしで泥をこすり洗い、細めの乱切りにして水にさらす。糸こんにゃくは水から下ゆでし(→ひと煮立ちさせ、プリッとしたらOK)、ざるに上げて3～4cm長さに切る。まいたけは小房に分ける。

② 鍋にごま油を熱し、強火で糸こんにゃくを炒める(→ジリジリして、まわりに細かい泡が出てくるまで)。ごぼうを加えて炒め、油がまわってきたらまいたけを加えてざっと合わせ、Aを加える。

③ 沸いてきたらアクをすくって中弱火にし、落としぶたをして煮汁が少なくなるまで煮る(→ごぼうに歯ごたえが残るくらいで火をとめる)。器に盛り、粉山椒をふる。

*粗熱がとれたら密閉容器に入れ、冷蔵庫で4～5日間保存可能。

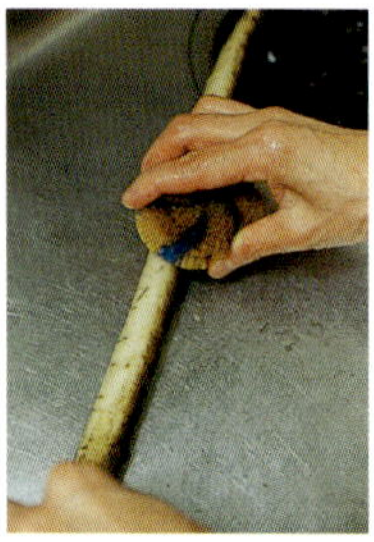

新ごぼう…
地肌が真っ白な、新ごぼうならではの味と香りをいかすには、とにかく煮すぎないこと。もちろん秋冬のごぼうでもおいしくできます。

炒り煮が残ったら…

新ごぼう、糸こん、まいたけの白和え

4月…7月

材料（2人分）

新ごぼう、糸こん、まいたけの炒り煮…軽く2カップ

木綿豆腐…½丁（約150g）

白ごま…大さじ3

A
- 酒…小さじ½
- きび砂糖…小さじ1
- 薄口しょうゆ…小さじ1
- 塩…ひとつまみ

作り方

① 豆腐はキッチンペーパーに包み、15分ほど水きりする（↓重しはのせない）。ごまは香ばしく炒ってすり鉢に入れ、少し油が出てくるまでする。

② 豆腐をくずしながら加えてすり混ぜる。Aを加えてさらになめらかになるまですり混ぜる。

③ 炒り煮の汁けをきって②に加え、ざっくり合わせる。

五目ひじき煮

材料（作りやすい分量）

ひじき（乾燥）…35g
こんにゃく…1/2枚
油揚げ…1枚
にんじん…1/2本
干ししいたけ…3枚
ちくわ…2本
ごま油…大さじ1

A
だし汁、干ししいたけのもどし汁…各1/2カップ
酒…大さじ2
みりん…大さじ1
きび砂糖…大さじ1
しょうゆ…大さじ2

作り方

① 材料の下ごしらえをする。干ししいたけは水につけて充分にもどし［P70／a］、もどし汁はとりおく。ひじきはたっぷりの水に20〜30分つけてもどす［a］。ざるに上げ、長かったら4cm長さに切る。こんにゃくは3cm長さの太めの棒状に切って水から下ゆでし（↓グラッときたら1〜2分）、ざるに上げる。油揚げは熱湯をまわしかけて油抜きし、たて半分にしてから細切りにする。その他の素材も切る［b］。

② 鍋にごま油を熱し、強火でこんにゃくを炒める。ジリジリしてきたらひじき、しいたけ、油揚げ、ちくわを順に加えて炒める。

③ 油がまわるまで炒めたらにんじんを加えてざっと混ぜ、Aを加える。煮立ったらアクをすくって中弱火にし（↓煮汁がフツフツしている状態）、落としぶたをして煮含める。煮汁を吸ってふっくらしたら火をとめる。

＊粗熱がとれたら密閉容器に入れ、冷蔵庫で4〜5日間保存可能。

a　もどしすぎると水分を吸いすぎてひじき特有の風味が抜けてしまいます。20分ほどしたら、いったん様子をみてください。

b　素材はすべてこんにゃくの大きさに合わせて切ります。このくらい存在感を残したほうが、それぞれの味を楽しめます。

五目ひじき煮が残ったら…

お手軽おから

材料(作りやすい分量)
おから…300g
五目ひじき煮［P66参照］…半量
ごま油…大さじ1
A
だし汁…1カップ
みりん…大さじ1
きび砂糖…大さじ1
薄口しょうゆ…大さじ2
白ごま…大さじ4
万能ねぎ…7〜8本
青じそ…5枚
みょうが…2個

作り方

① 中華鍋でごまを香ばしく炒り、いったん取り出す。
② ①の中華鍋を強火にかけてごま油を熱し、中火でおからを炒る(→さわってみて全体に熱くなっていたらOK)。
③ 五目ひじき煮を加えてざっと炒め、①のごまを加える。
④ Aの調味料を加えてよく炒め合わせる。しっとりして味がなじんだら火をとめる。
⑤ 万能ねぎは小口切り、青じそとみょうがは粗めに刻む。
⑥ ④に⑤を加え、ざっくり混ぜる。

*手間がかかると思われがちなおからも、五目ひじき煮があれば手軽に作れます。
*粗熱がとれたら密閉容器に入れ、冷蔵庫で1週間ほど保存できます。

お手軽おからを使って…

卯の花寿司

材料(2人分)

炊きたてご飯…茶碗2杯分

すし酢
- 酢…大さじ2
- きび砂糖…大さじ1
- 塩…小さじ⅓

お手軽おから…1カップ

みょうが…1個

万能ねぎ…2本

青じそ…8枚

焼きのり、たくあん…各適量

作り方

① すし酢の調味料を合わせ、砂糖が溶けるまでよく混ぜる。

② ボウルにご飯を入れてすし酢を加え、うちわであおぎながら、切るようにまんべんなく混ぜる。

③ ②のすし飯にお手軽おからを加え、さっくり混ぜる。小口切りにしたみょうがと万能ねぎ、せん切りにした青じそを加えてざっくり合わせる。器に盛ってちぎった焼きのりをのせ、たくあんを添える。

切り干し大根

材料(作りやすい分量)
切り干し大根…40g
干ししいたけ…2枚
油揚げ…1枚
ちくわ…2本
ごま油…大さじ1

A
- だし汁…1/2カップ
- 干ししいたけのもどし汁…1カップ
- 酒…大さじ2
- きび砂糖…大さじ1
- しょうゆ…大さじ2

作り方

① 干ししいたけはかぶるくらいの水につけてもどし[a]、軸とかさに分けてそれぞれ薄切りにする。もどし汁はとっておく。

② 切り干し大根はさっと洗ってボウルに入れ、たっぷりの水に10分ほどつけてもどす(→時間をかけすぎると風味が抜けてしまう)。水けをしぼって食べやすい長さに切る。油揚げは熱湯をかけて油抜きし、たて半分にして細切りにする。ちくわは輪切りにする。

③ 鍋にごま油を熱し、強火でしいたけと②を炒める。ざっと油がまわったらAを加える。

④ 煮立ったらアクをすくい、弱火にして落としぶたをする。味を含んでふっくらするまで煮、煮汁ごと器に盛りつける。

＊粗熱がとれたら密閉容器に入れ、冷蔵庫で4〜5日間保存可。

干ししいたけ…

肉厚で丸みがあり、かさの縁が巻き込んでいる「どんこ」を選んでください。大きなものは上等ですが、直径3〜4㎝くらいのものでも充分。身が締まって弾力があり、しっかりした味と食感、料理が仕上がったときの、香りの高さに驚くことと思います。

a　大きさや厚みによっても、もどり時間はいろいろですが、4〜6時間かけ、ふっくらするまで充分にもどしてください。切る前に軸のつけ根を押さえてみて、やわらかくなっていればOK。芯まで充分にもどしてから使わないと、いくら煮ても中まで味が入りません。

白菜のさっと蒸し

11月〜2月初旬

材料(2人分)

白菜…1/4個

塩…小さじ1/2

A
- だし汁…1/2カップ
- 酒…大さじ1
- 薄口しょうゆ…小さじ2

柚子こしょう…適量

作り方

① 白菜は大きめのたて長にそぎ切りする。

② 厚手の鍋に①の白菜を芯の方が下になるようにして入れ、間に塩をふりながら重ね入れる。上からAをかけ、ふたをして強火にかける。

③ 湯気が上がってきたら火を弱め(→中がクツクツと小さく泡立っている状態)、5分ほど蒸し煮にする。

④ 火をとめてしばらく余熱を通し、煮汁ごと器に盛りつける。柚子こしょうをのせる。

*クタクタに煮る白菜もおいしいけれど、気持ち早めに火をとめて、シャキッとした歯ごたえを楽しみます。

かぼちゃの塩蒸し

5月 8月 10月 12月

材料(2人分)

かぼちゃ…1/4個

塩…小さじ1/2

黒こしょう…適量

A
- マヨネーズ…適量
- ねり辛子…適量

作り方

① かぼちゃはところどころ皮をむいて種だけを取りのぞき(→ワタの部分はねっとりして甘いので、できるだけ残すように)、3cm厚さの長めの乱切りにする。

② 厚手の鍋にかぼちゃを入れ、塩をまぶして30分ほどおく。

③ かぼちゃから水分が出てきたら「a」、水大さじ1を加えてぴったりふたをし、強めの中火にかける。煮立ってジュージュー音がしてきたら弱火にし、ときどき鍋をゆすりながら15分ほど蒸す。

④ 竹串がスッと通ったら器に盛り、熱々のところにこしょうをひく。

⑤ Aを合わせ辛子マヨネーズを作り、好みでつけて食べる。

a　浸透圧でかぼちゃの水分が外ににじみ出て、しっとりと汗をかいたようになります。この水分と大さじ1杯の水だけで蒸すのです。

夏の新じゃが煮っころがし

6月…8月

材料（2人分）

新じゃがいも（大）…2個
バター…10g
しょうゆ…大さじ½

作り方

① 新じゃがいもは皮をむき、大きめの乱切りにして軽く水にさらす。

② 鍋に入れてひたひたの水をはり、強火にかける。沸いてきたら中火に落としてゆでる（↓軽くボコボコしている状態）。

③ 竹串がスッと通ったらゆで汁を捨て、鍋をゆすりながら火にかけ、余分な水けをとばす。

④ バターとしょうゆを落としてふたをし、粉ふきいもの要領で鍋を軽くゆする。

新じゃがいも…
夏の間に出まわる皮の薄い大きな新じゃがは、ほんのり苦みのあるみずみずしい味わい。水分が多いのですぐにやわらかくなります。

春キャベツとカニかまのコールスロー

3月〜5月

材料（2〜3人分）
春キャベツ…1/4個
きゅうり…1本
レタス…3枚
カニかまぼこ…4本（約70g）
塩…小さじ1/2
玉ねぎドレッシング…大さじ3
黒こしょう…適量

作り方
① 春キャベツは太めのせん切りにしてボウルに入れ、塩をまぶしてしばらくおく。玉ねぎドレッシングを作る。
② ①のキャベツを軽くしぼって出てきた水分を捨て、たて半分にして斜め薄切りにしたきゅうり、ちぎったレタス、ほぐしたカニかまぼこを加える。
③ ②に玉ねぎドレッシングを加えてざっくり和え、器に盛ってこしょうをひく。

玉ねぎドレッシング

材料（作りやすい分量）
A
酢…大さじ4
ねり辛子…小さじ1/2
塩…小さじ1
B
おろし玉ねぎ…1/4個分
サラダ油…大さじ7
黒こしょう…適量

作り方
Aの材料をビンに入れ、ふたをする。ねり辛子と塩が溶けるまでよくふってから、Bを加えてさらにふり混ぜる。

＊冷蔵庫で10日間ほど保存可能。

うど、みょうが、水菜のシャキシャキサラダ

2月末…4月

材料（2〜3人分）
うど…1/2本
水菜…1/4束
みょうが…2個
青じそ…5枚
白ごま…適量
A
ナンプラー…小さじ2
酢…大さじ1
ごま油…大さじ2
豆板醤…小さじ1

作り方

① うどは5cm長さに切って厚めに皮をむき（→皮は水にさらし、きんぴらに利用［P79］）、太めのせん切りにして酢水にさらす。水菜は5cm長さのざく切り、みょうがはたて半分にして斜め薄切り、青じそは細切りにし、氷水に放つ。Aを合わせてドレッシングを作る。

② うどと他の野菜をざるに上げて水けをよくふき取り、合わせて器に盛りつける。ドレッシングをまわしかけ、香ばしく炒ったごまをたっぷりふりかける。

春雨サラダ

材料（3～4人分）

春雨…1/2袋分（約50g）
玉ねぎ…1/2個
きゅうり…1本
ロースハム…4枚
レタス…2～3枚

A
ねり辛子…小さじ1
しょうゆ…小さじ2
塩…小さじ1
酢…大さじ2

B
サラダ油…大さじ2
ごま油…大さじ1
白こしょう…適量

作り方

① 春雨はゆでてざるに上げ、食べやすい長さに切る。

② ドレッシングを作る。大きめのボウルにAを合わせて入れ、ねり辛子と塩が溶けるまでよく溶き混ぜる。Bを加えてさらに混ぜる。

③ 玉ねぎは薄切りにして水にさらし、ざっともんでざるに上げる。きゅうりは斜め厚切りにしてから細切り、きゅうりにそろえてハムも細切りにする。レタスは大まかにちぎる。

④ ②のボウルに③と①の春雨を水けをよくきって加え、ざっくり和えて器に盛る。

＊春雨の水けをしっかりきるのがこのサラダの最大のポイント。ざるに上げたら2～3分おいて、さらにざるをたたいて水けをよくきってから和えましょう。

春雨の扱い方

1　春雨はぬるま湯に2～3分つけてもどし、ざるに上げる。

＊1袋全部を一度にもどすと扱いやすいです。

2　鍋に湯を沸かし、1の春雨をゆでる。透き通ってきたら（→1本とって冷水で冷やし、ゆで具合を食べて確かめる）ざるに上げる。

3　流水で冷やし、ハサミで食べやすい長さに切って水けをよくきる。

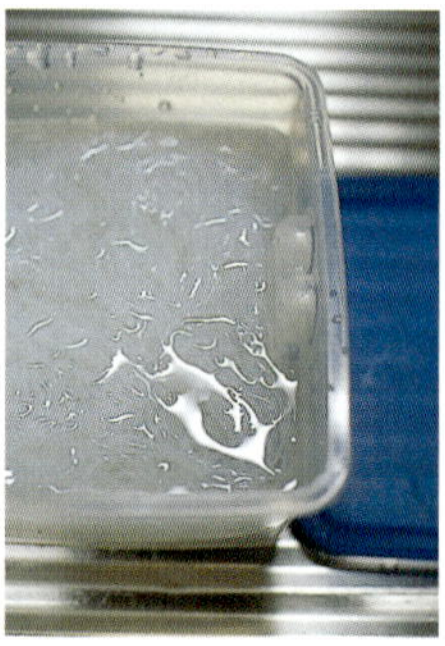

余ったら密閉容器に入れ、水をはって冷蔵庫で保存する。ときどき水をかえながら、10日間ほど保存可能。

うど、クレソン、生ハムのサラダ

2月末〜4月

材料（2人分）
うど…15cm
クレソン…1束
レタス…3枚
生ハム…40g
A
- 粒マスタード…小さじ1
- 酢…大さじ1
- 塩…小さじ½
- オリーブオイル…大さじ2

黒こしょう…適量
パルミジャーノレジャーノ…適量

作り方

① うどは5cm長さに切って厚めに皮をむき（→皮は水にさらし、きんぴらに利用［P79］）、たて薄切りにして酢水にさらす。クレソンは茎ごと5cmのざく切り、レタスは大まかにちぎる。生ハムは食べやすくちぎる。Aを合わせてドレッシングを作る。

② うどをざるに上げて水けをきり、他の野菜とともに器に盛り合わせる。生ハムをあしらい、ドレッシングをまわしかけてパルミジャーノをすりおろす。

残ったうどの皮で…

うど皮のきんぴら

2月末〜4月

材料（作りやすい分量）

うどの皮…1本分
ごま油…小さじ2
赤唐辛子…1本
A
- 酒…大さじ2
- みりん…大さじ1
- 薄口しょうゆ…大さじ1〜1と1/2

白ごま…大さじ1

作り方

① うどの皮は細切りにし、切ったそばから水につける。軽くもみながら2〜3回水を取りかえ、ざるに上げて水けをきる。
② 平鍋またはフライパンにごま油を熱し、強火でうどの皮を炒める。途中で小口切りにした赤唐辛子を加え、油がなじんだらAを加えて炒りつける。
③ 煮汁がほとんどなくなったら火をとめ、香ばしく炒ったごまを合わせる。

＊うどを酢水にさらすと酢の香りがついてしまうので、酢の物やサラダ［P75、P78］の場合だけにしましょう。

絹さやのナンプラー炒め

4月〜5月

材料(2人分)

絹さや…2パック(約200g)
にんにく…1片
ごま油…小さじ1
バター…10g
ナンプラー…小さじ1
塩…ひとつまみ
黒こしょう…適量

作り方

① 絹さやは炒める直前まで水につけてシャキッとさせ、スジを取ってざるに上げる。にんにくは包丁の腹でつぶす。

② フライパンにごま油とにんにくを入れ、強火にかける。にんにくがきつね色になってきたらバターを落とし、大きな泡が出ると同時に絹さやを加える。

③ 油がまわり鮮やかな色になるまで炒めたら、手水を軽くふりかけ、鍋をあおるようにして炒める。

④ 仕上げにナンプラーと塩を加えてざっと合わせ、器に盛りつけこしょうをひく。

*絹さやはとても華奢な野菜です。強火で炒めないとシャキシャキにならないのですが、表面だけ先に焼け、中に火が通るころには干からびたようになってしまうことがあります。そんなとき、手水を大さじ1くらい補ってやると、加えた水が蒸発する湯気で、みずみずしいままに仕上がります。

ちくわの蒲焼き

材料（2人分）

ちくわ…5本

A
- 酒…大さじ2
- みりん…大さじ1
- きび砂糖…大さじ2
- しょうゆ…大さじ1

ごま油…小さじ2

粉山椒…適量

作り方

① ちくわは横半分にしてから、たて半分に切る。Aは合わせておく。

② フライパンにごま油を熱し、強火でちくわを炒める。両面に香ばしい焼き色がつき、プックリふくらんできたら、いったん火からおろしてAを加える。

③ 再び強めの中火にかけ、汁けをとばしながら煮からめる。煮汁にとろみがついたら火をとめ、器に盛って粉山椒をふる。

アスパラのフライパンじりじり焼き

4月〜6月

材料（2人分）
アスパラガス（国産の細めのもの）…1束
オリーブオイル…小さじ1弱
かつおぶし…適量
しょうゆ…適量

作り方

① アスパラガスは使う直前まで水につけておく（→ボウルにはった水に斜めに立てかける）。根元のかたいところを1cmほど切り落とし、下から5〜6cmほど薄く皮をむいて（→薄緑が残るくらい）半分の長さに切る。

② フライパンにオリーブオイルをひいて強火にかけ、アスパラガスを並べ入れる。すぐに返さずに焼き目がつくまで放っておき（→ごく少なめの油でジリジリと焼きつけ、焦げ目をつける）、裏面は軽く焼く。

③ 焼けたところから器に盛り、かつおぶしをふりかけてしょうゆを落とす。

＊アスパラは皮と身の間にこそおいしさが詰まっています。切り口がみずみずしいものを選んだら、皮をむくのは自分の指先の感触で、どこまでかたいのかを確かめながらやってください。以前、北海道の友人に聞いたのですが、とれたてのものはやわらかいので、根元を切ったり皮をむいたりしないそうです。

＊まわりにじっくり焼き目をつければOK。焼き目から余熱が伝わって、ちょうどころ合いになります。中は半生なくらいがポクポクしておいしいものです。

ズッキーニのフライパン焼き

7月
8月

材料（2人分）
ズッキーニ…1本
薄力粉…適量
ごま油…大さじ1強
ねり辛子、酢、しょうゆ
…各適量

作り方

① ズッキーニは両ヘタを落とし、横半分に切ってからたて5㎜厚さに切る。全体に薄く薄力粉をまぶす。

② フライパンにごま油を熱し、ズッキーニを並べて強火で焼く。香ばしい焼き色がついたら返し、裏側も軽く焼く。

③ 焼けたものから器に盛り、ねり辛子、酢、しょうゆを合わせて添える。

トマトとみょうがのサラダ

7月……8月

材料（2人分）

トマト（大）…1個
みょうが…2個
塩…ひとつまみ
ごま油…小さじ1
すだち…1/2個

作り方

① みょうがはたて半分にしてから斜め薄切りにし、塩で軽くもむ。

② トマトはヘタをくり抜き、まわりを少し切り落とす（→安定がよくなるように）。くし型に8等分し、丸のままの形で器に盛る。

③ ②に①をこんもりのせ、ごま油をまわしかけてすだちをしぼる。

大根のマリネ

11月〜2月中旬

材料（2人分）

大根…1/4本
塩…小さじ1/2
にんにく…1/4片
レモン汁…1/4個分
ディル…3〜4枝
パセリ…1枝
オリーブオイル…大さじ1
黒こしょう…適量

作り方

① 大根はたわしでよく洗い、皮ごと2〜3㎜厚さの輪切りにしてボウルに入れる。塩をまぶして、水けが出るまで15分ほどおく。

② レモン汁、刻んだディルとパセリ、すりおろしたにんにく、オリーブオイルを①に加えて手で軽く合わせ、冷蔵庫で1時間ほどなじませる。

③ 器に盛ってこしょうをひく。

＊歯ごたえを残したいので、大根は皮ごと使います。塩はもみこまず全体にまぶす程度。自然に出てきた水分は大根のエキスなので、捨てずに調味料を加えていきます。

白うりのカリカリ塩もみ

8月

材料(2人分)

白うり…1本
みょうが…1個
青じそ…5枚
塩…小さじ½
しょうゆ…少々

作り方

① 白うりを干す。
白うりはたて半分に切ってワタと種をスプーンで取りのぞく。ざるにのせて日の当たるところで4〜6時間干す[a]。

② ①の白うりを斜め薄切りにしてボウルに入れ、塩をふってしんなりするまでキュッキュッともむ。

③ たて半分にしてから斜め薄切りにしたみょうがと、大まかにちぎった青じそを加えてざっくり混ぜ、冷蔵庫で冷やす。

④ 器に盛り、しょうゆを落として食べる。

a　干し上がりの目安は、手で軽く曲げられるようになるくらい。

にらのおひたし

材料(2人分)

にら…2束

A
- ねり辛子…小さじ½
- 薄口しょうゆ…小さじ2
- ごま油…小さじ1

白ごま…適量

作り方

① 鍋にたっぷりの湯を沸かし、塩ひとつまみ(分量外)を加えてにらをゆでる(↓根元のほうからひたし、葉がつかったらすぐにひき上げる)。

② ざるに上げて自然に冷まし、粗熱がとれたら軽くしぼって5cm長さに切りそろえる。

③ ボウルにAを合わせ、②を加えてざっくり和える。器に盛り、軽く炒ったごまを指先でひねりつぶしながらふりかける。

*にらはざるの上でも余熱が入るので、くれぐれもゆですぎないこと。にら独自のねばりが身上なので、しぼりすぎないのもポイントです。

*青菜類をゆで上げたざるは窓辺に置き、風にあてて冷ますのがいちばんですが、わが家の台所には窓がないので、ベランダに出しています。冬場などアッという間に冷め、緑色もいっそう冴えます。

おくらの煮びたし

6月中旬〜8月

a　おくらを入れて箸で混ぜ、再び煮立って緑色が冴えたら、すぐざるに上げる。もう一度火を通すので、ちょっとかためでOK。

b　熱い汁に、ゆでたての熱いおくらをひたすのが、きれいに色を残すポイントです。

材料(2〜3人分)

おくら…1パック(約10本)
みょうが…2個

ひたし汁
だし汁…1カップ
酒…大さじ½
薄口しょうゆ…小さじ1
塩…小さじ¼弱

作り方

① おくらの下ごしらえをする。みょうがはたて半分にしてから斜め薄切りにする。

② 鍋にひたし汁の材料を合わせ、ひと煮立ちさせる。

③ 別の鍋に湯を沸かし、煮立ったら塩ひとつまみ(分量外)を加えておくらを色よくゆでる[a]。ざるに上げ、熱いうちにたて半分に切る。

④ ②のひたし汁を再び沸かし、③を加える[b]。ひと呼吸おいて火をとめる。器に汁ごと盛り、みょうがをのせる。

*粗熱をとってから、冷蔵庫でキリッと冷やしてもおいしい。色もきれいなままです。

ひたし汁を使って…

ひたしわかめ

材料（2～3人分）

わかめ（塩蔵）…30g

しょうが…適量

ひたし汁［P88参照］…全量

作り方

① わかめは水につけてもどす。充分にもどったらざるに上げ、食べやすい大きさにざく切りにする。

② 鍋にひたし汁の材料を合わせ、ひと煮立ちさせ、①を加える。緑がかった色にパッと変わったらすぐに火をとめ、汁ごと器に盛る。

③ せん切りにしたしょうがをのせる。

＊多めに作っておき、冷蔵庫で3～4日間保存できます。冷たく冷やして、汁ごといただくのもまたおいしいものです。

おくらの下ごしらえ

1 おくらはヘタの先を少し切り落とす。

2 ガクのまわりの黒いところをぐるりとむく。

＊うぶ毛が気になるようなら、塩少々をまぶしてこすってください。

生ピーマンの中国風和えもの

7月…8月

材料（2人分）

ピーマン（大）…2個

A
- しょうゆ…大さじ1/2
- オイスターソース…小さじ1/2
- ごま油…小さじ1/2

黒こしょう…適量

作り方

① ピーマンはたて半分に切って種とヘタを取りのぞき、たてに細く切る。

② ボウルにAを合わせ、①のピーマンを加える。手で軽くもんでなじませ「a」、たれごと器に盛って冷蔵庫で冷やす。こしょうをひいて食べる。

＊夏になると出回る、ツヤと張りが出てひとまわり大きく育ったピーマンでぜひ作ってみてください。中国のレストランで初めて食べたとき、生で味わうピーマンのみずみずしさに目からうろこでした。

a　ほんのちょっとしんなりさせることで、青くささが抜けて味もなじみます。

大豆のゆで方

材料（ゆでやすい分量）
大豆…1袋（300g）

1　大豆をもどす。
大豆は軽く洗って大きめの鍋に入れる。たっぷりの水（約4倍）を加え、ひと晩（8～10時間）おいてもどす（→皮がすみずみまでピンと張り、きれいな楕円形になるまで）。

2　火にかける。
もどし汁は捨てずに豆がかぶるくらいの量（→豆から2cmほど上）に加減して中火にかける（→火が強すぎると皮がむけやすいので注意）。

3　アクをすくう。
ここまで煮立てたら一気にアクをすくい、ごく弱火にする。

4　煮る。
豆がおどらないくらいの火加減で静かにゆでる（→豆が顔を出してきたら、差し水をしながら）。

5　均等にゆで上がるように、煮えてきたら鍋底からヘラを入れて、一度、上下をざっくり返す。

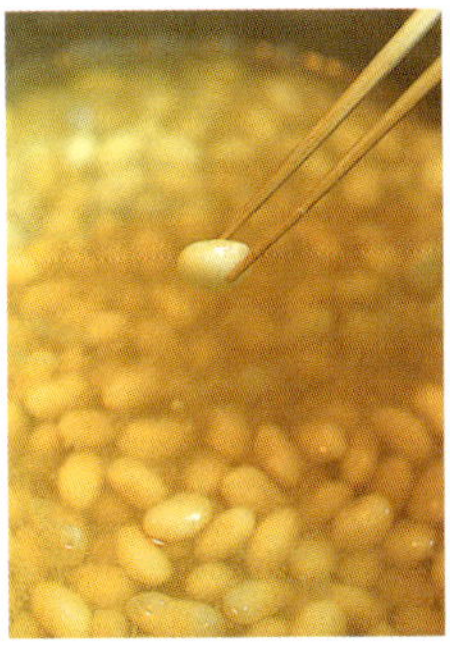

6　ふっくら煮えたら味見をして豆のかたさを確かめる。

＊すぐに使わないときは、ゆで汁にひたしたままおくとシワがよりません。
＊晩秋から冬にかけて出回る新大豆は、4～5時間でもどります。豆の状態が季節によって違うので、ゆで時間も変わってきます。

保存方法

早めに使う場合…

ゆで汁ごと容器に入れ、冷蔵庫へ。

汁ごと一度に使いきる場合…

ゆで汁ごと平らにならしてビニール袋に入れ、冷凍する。

少しずつ使う場合…

ゆで汁をきり、豆だけをビニール袋に入れ、冷凍する（→使う分だけ手で割って取り出す）。

香菜和え

しょうがじょうゆ

ゆでたての熱々大豆で…

しょうがじょうゆ

材料(2人分)

ゆでたて大豆…約1カップ
おろししょうが…適量
しょうゆ…適量

作り方

ゆでたて大豆の水けをきって器に盛り、おろししょうがをのせる。しょうゆを少し落として食べる。

ゆでたての熱々大豆で…

香菜和え

材料(2人分)

ゆでたて大豆…約1カップ
A ごま油…大さじ½
　塩…ひとつまみ
　黒こしょう…適量
香菜…2〜3本

作り方

① Aをボウルに入れ、ざっと合わせる。
② ゆでたて大豆の水けをきって①に加え混ぜ、刻んだ香菜を加えて和える。

残ったゆで汁で…

ゆで汁のポタージュ

材料(2〜3人分)

ゆで大豆…大さじ1
ゆで汁…1カップ
牛乳…½カップ
みそ(淡色)…小さじ1
バター…5g
塩…ひとつまみ
黒こしょう…適量

作り方

鍋にゆで大豆とゆで汁1カップを入れ、中火にかける。沸いてきたら弱火にし、牛乳を加える。みそを溶き入れてバターを落とし、ひと煮立ちしたら塩とこしょうで味をととのえる。

＊ゆで汁には豆のうまみが溶け出しているので、スープや味噌汁にして残さずいただきましょう(「おぼろ豆腐と大豆の味噌汁」[P138])。

ゆでたての熱々大豆で…

ひたし大豆

材料(作りやすい分量)

ゆでたて大豆…3カップ

ひたし汁

- だし汁…1と½カップ
- 酒…大さじ1
- 薄口しょうゆ…大さじ2

作り方

① 鍋にひたし汁の材料を合わせ、ひと煮立ちさせる。

② ①のひたし汁が熱いうちに、ゆでたて大豆の水けをきって加える。粗熱がとれたら汁ごと器に盛る。

*ゆでたての大豆を熱い汁にひたすことで、中までふっくらと味がしみこみます。

粗熱がとれたら汁ごと密閉容器に入れ、冷蔵庫で1週間保存可能。

ひたし大豆を使って

ひたし大豆のサラダ

材料(2人分)

ひたし大豆…大さじ3
大根…3㎝
みょうが…1個
クレソン…1束
青じそ…5枚
かつおぶし…適量

ドレッシング
薄口しょうゆ…大さじ$\frac{1}{2}$
酢…小さじ1
ごま油…大さじ1
黒こしょう…適量

作り方

① ドレッシングの材料を合わせる。

② 大根はたて半分に切ってから薄切りにする。みょうがは小口切り、クレソンは茎ごと5㎝長さのざく切り、青じそは大まかにちぎる。

③ 器に野菜類を盛り合わせ、汁けをきったひたし大豆をちらす。かつおぶしをのせ、ドレッシングをまわしかける。

＊ひたし大豆は「うど、クレソン、生ハムのサラダ」［P78］など、洋風のサラダに加えてもおいしいです。

ゆで大豆を使って

大豆、セロリ、ハムのクリームチーズサラダ

材料(2〜3人分)

ゆで大豆…1カップ
玉ねぎ…1/4個
セロリ…20cm
生ハム…50g
トレビス…適量
レモン…適量

A
クリームチーズ(ソフトタイプ)…80g
粒マスタード…小さじ2
ねり辛子…小さじ1/2
おろしにんにく…1/3片分

パセリ…適量
ディル…1枝
塩、黒こしょう…各適量

作り方

① Aをボウルに合わせ、まんべんなく混ぜる。塩で味をととのえて、刻んだパセリとディルを加える。

② 玉ねぎはみじん切りにして軽く水にさらし、ざるに上げて水けをきる。セロリと生ハムは2cm角に切る。

③ ①に②とゆで大豆を加えてざっと和え、塩、こしょうで味をととのえる。

④ トレビスを敷いた器に盛り、こしょうをひいて、レモンをしぼる。

ゆで大豆を使って

大豆と根菜のピリ辛炒り煮

材料(作りやすい分量)
ゆで大豆…1カップ
こんにゃく…½枚
ごぼう…½本
れんこん(小)
…1節(約150g)
赤唐辛子…1本
A
だし汁…¼カップ
酒…大さじ2
みりん…大さじ1
しょうゆ…大さじ1と½
ごま油…大さじ1

作り方

① こんにゃくは薄めのひと口大にちぎり[a]、水から下ゆでする(→グラッときたら1〜2分)。ごぼうはたわしで泥をこすり洗い、れんこんは汚れたところだけ皮をむく。ともに小ぶりの乱切りにして水にさらす。

② フライパンにごま油を熱し、強火でこんにゃくを炒める(→小さな泡が出、チリチリしてハリが出てくるまで)。ちぎった赤唐辛子、ごぼう、れんこんを加え、ざっと炒める。油がまわったらゆで大豆を加えてさらに炒める。

③ Aを加え、落としぶたをして中弱火で煮る。煮汁を少し残して火をとめる。

a スプーンでひっかくようにして薄くちぎる。味がしみてコリコリになります。

ゆで大豆を使って

大豆、ベーコン、かぶの塩炒め

4月 5月 11月 2月

材料(2〜3人分)

ゆで大豆…1カップ
ベーコン…2枚
かぶ…2個
にんにく…1片
オリーブオイル…大さじ1
塩…ふたつまみ
黒こしょう…適量
パルミジャーノレジャーノ
(すりおろす)…大さじ2強

作り方

① ベーコンは3cm幅に切る。かぶは葉を切り落として皮つきのまままさいの目切り、葉は3cm長さのざく切りにする。にんにくは包丁の腹でつぶし、大まかに切る。

② フライパンにオリーブオイルを熱し、中火でにんにくを炒める。軽く色づいたら強火にし、ベーコンを加えてざっと炒める。

③ かぶを加えてさらに炒め、うっすら焼き色がついてまわりが透き通ってきたら、ゆで大豆を加えて炒める(→かぶと大豆に焼き色がつくように、あまりいじらず放っておく)。塩をふってかぶの葉を加え、炒め合わせる。

④ 火をとめてパルミジャーノを加え、ざっと合わせる。こしょうをたっぷりひいて器に盛る。

ゆで大豆を使って

大豆のピリ辛玄米チキンライス

材料(2人分)

ゆで大豆…1カップ
鶏もも肉…½枚(約140g)
玉ねぎ…¼個
玄米冷やご飯…軽く2杯分
オリーブオイル…大さじ1
バター…10g

A
おろしにんにく…1片分
ケチャップ…大さじ2
ナンプラー…大さじ½
豆板醤…小さじ1

目玉焼き…卵2個分
香菜、ディル…各適量
塩、黒こしょう…各適量

作り方

① 鶏肉はひと口大に切り、塩、こしょうで軽く下味をつける。玉ねぎはみじん切りにし、Aは合わせておく。

② フライパンにオリーブオイルを熱し、強火で肉を炒める。火が通ったら玉ねぎを加えて透き通るまで炒め、ゆで大豆も加えてざっと炒め合わせる。

③ バターと玄米ご飯を加えて炒め合わせ、フライパンの縁まで広げて焼きつける(→しばらく放っておき、香ばしい焼き目をつける)[a]。ときどきフライパンをふっては、また広げ、焼き目をつけては返す[b]。

④ Aを加えてまんべんなく炒め合わせ、こしょうをひく。

⑤ 器に盛って目玉焼きをのせ、刻んだ香菜とディルを合わせて添える。

a

b

包丁のとぎ方

1　粗い目の砥《と》石（荒砥）ときめが細かい砥石（中砥）を30分ほど水につける。

2　まず、荒砥でざっととぐ。刃を手前にして斜めに構え、一定の角度（→背の方から10円玉1〜2枚が差し込めるくらい）に傾けながら（→砥石が乾いてきたら水をかけながら）、刃先のささくれが全体に出るまでとぐ。

3　裏に返し、2でできたささくれを平らにならす。刃を向こうにした包丁を砥石にすき間なくピタリと当て、すべらせるように。

4　中砥に取りかえ、2と同様に、今度は時間をかけてていねいにとぐ。

5　裏に返し、3と同様にていねいにとぐ。

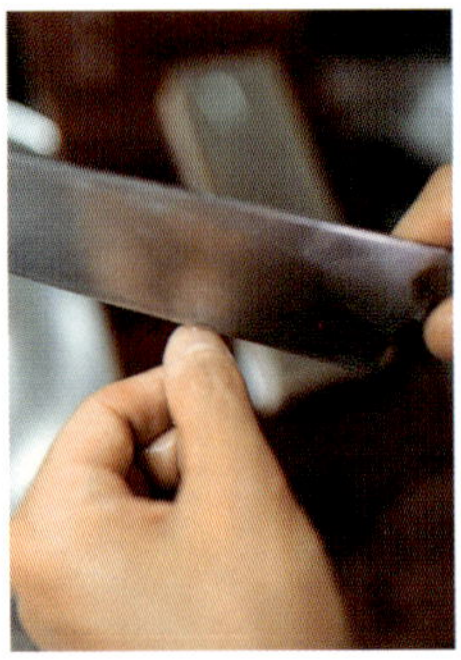

6　刃を爪に当ててみて、ひっかかるくらいになればとぎ上がり。

7　刃を向こうにして、クレンザーをつけたスポンジでざっと洗う。

＊使った砥石はざっと洗い、陰干しにしてからしまいましょう。

「季節のおすすめおつまみ」

ふきのとう味噌

2月–4月初旬

材料(作りやすい分量)
ふきのとう(大)
…1パック(約80g)
田舎みそ…大さじ3
酒…大さじ3
みりん…大さじ1
ごま油…大さじ1/2

作り方

① ふきのとうは根元の汚れているところだけ切り落とす。小鍋に湯を沸かし、沸騰したら軽くゆで(→鮮やかな緑色になってから10秒ほど)、水にさらす。かたくしぼって細かく刻む。

② 小鍋にごま油を熱し、強めの中火で①のふきのとうをざっと炒める。

③ 油がまわったらみそを加えて炒りつける(→鍋にほんのり焦げ目がつくまで焼きつけると香ばしい)。酒とみりんを加え、ポッテリするまでさらに炒りつける。

＊保存ビンに入れ、冷蔵庫で2週間ほど保存可能。

ワインのお供に…

◎器にかぶの薄切りとパルミジャーノレジャーノを砕いたものを盛り合わせ、ふきのとう味噌を添える。

ふきのとう味噌を使って2種
2月―4月初旬

混ぜご飯

材料（2人分）
ご飯…茶碗2杯分
ふきのとう味噌…大さじ1と½
ちりめんじゃこ…大さじ1
白ごま…小さじ2
焼きのり…1枚

作り方
① ボウルにご飯とちりめんじゃこを入れ、さっくり混ぜる。ふきのとう味噌を加え混ぜ、香ばしく炒ったごまをふる。
② 器に盛って4等分したのりを添える。

早春のクリームパスタ

材料（2人分）
スパゲティ…160g
ふきのとう味噌…大さじ2
生クリーム…¼カップ
塩…ひとつまみ
パルミジャーノレジャーノ…適量
黒こしょう…適量

作り方
① スパゲティは塩（分量外）を加えたたっぷりの湯で表示より1分短い時間でゆでる。
② フライパンを油をひかずに中火にかけ、ふきのとう味噌を軽く焼きつける。一度、火をとめて生クリームを加え、全体を混ぜる。
③ ②を火にかけ、ゆで上がったスパゲティを加え、塩を加えてざっと合わせる。器に盛り、パルミジャーノをすりおろしてこしょうをひく。

らっきょう、砂肝、そら豆の網焼き

5月…6月頭

材料(3〜4人分)
砂肝…200g
らっきょう…適量
そら豆…適量
しょうゆ、塩、みそ…各適量

作り方

① らっきょうは水をはったボウルの中でひと粒ずつほぐす。泥を洗って薄皮をむき[a]、根と芽を切り落とす[b]。砂肝はらくだのような2つのコブを切りはなし、半分に切る(↓スジは取らなくてよい)。そら豆はさやから出しておく。

② しょうゆ、塩、みそをそれぞれ小皿に用意する。

③ 七輪に炭をおこして網をのせ、砂肝(↓塩を軽くふる)、らっきょう、そら豆を焼く。焼けたところから好みの調味料をつけて食べる。

＊とても料理とはいえないものですが、自分が食べたいちょうどころ合いの焼き加減で、サッと口に放り込むのは格別です。原始的な料理なので、調味料もできるだけシンプルな方がいいようです。

＊そら豆は切り込みを入れずに焼いてください。ぷっくりふくれて焦げ目がついたころ、中はむっちり蒸し焼きになっています。

a

b

らっきょう…
酢漬けにするだけでなく、生をこんなふうに焼いてもホクホクしておいしいもの。年に一度の味を楽しんでください。

焼き枝豆

7月―9月

材料（2人分）

枝豆…1袋（約250g）

塩…適量

作り方

① 枝豆はボウルに入れ、塩ひとつかみを加えてもむ。うぶ毛や汚れを落とし、ざっと洗ってざるに上げる。

② フライパンに枝豆を入れ、ひたひたより少なめに水を加えて[a]ふたをし、強火にかける。煮立ったら中火にし（↓泡がポコポコしている状態）、3分間蒸しゆでにする。

a

③ フライパンに残った湯を捨て、強火にかけて水分をとばす。さらに熱し、枝豆に香ばしい焼き色をつける。

④ 塩をまぶしてフライパンごと食卓に出す。

*かなり高温になるので、鉄のフライパンを使ってください。

枝豆の紹興酒風味

7月〜9月頭

材料(2人分)

枝豆…1袋(約250g)

塩…適量

A

- 赤唐辛子(ちぎる)…1本
- 八角(バラバラにして)…2片
- 紹興酒…½カップ
- しょうゆ…¼カップ

作り方

① 枝豆はボウルに入れ、塩ひとつかみを加えてもむ。うぶ毛や汚れを落とし、ざっと洗ってざるに上げる。両端の角をハサミで切り落とし、味をしみやすくする。

② 鍋にAと水½カップを合わせ、火にかける。煮立ったら枝豆を加え、アクをすくいながら中火(→煮汁がブクブク泡立つくらい)で2〜3分煮る。

③ つけ汁ごと冷ます。

*中国のレストランで前菜に出てきました。いつもの塩ゆで枝豆に飽きたら、目先が変わっていいものです。

*1時間ほどで食べられますが、翌日の味がしみたものもイケます。

カキの洗い方

カキは新鮮なものを求め、海水くらいの濃度の塩水でさっと洗います。身がくずれないように指先でやさしく。洗いすぎるとせっかくの磯の香りが流れてしまいます。

a

カキの酒炒り

11月〜2月初旬

材料(2人分)

カキ(加熱用)…1パック(約150g)

酒…大さじ½

ごま油…小さじ½

柚子…適量

作り方

① カキを洗い[a]、ざるに上げて軽く水けをきる。

② 小鍋に①のカキをあけ、酒をふって強火にかける。ときどき火からはなして鍋をゆすりながら、焦げつかないように箸で炒る[b]。

③ カキがぷっくりして煮汁が少なくなったら火をとめ[c]、ごま油をまわしかける。

④ 器に盛りつけ、柚子をしぼって食べる。

*カキの濃厚なうまみが味わえる、いちばんシンプルな食べ方です。

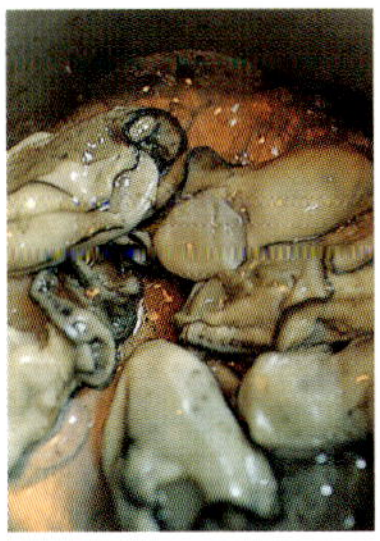

b カキから出てくる水分と少量の酒で炒り上げます。大きな泡が立つけれど、強火のままで。身がくずれるので、あまりいじらないこと。

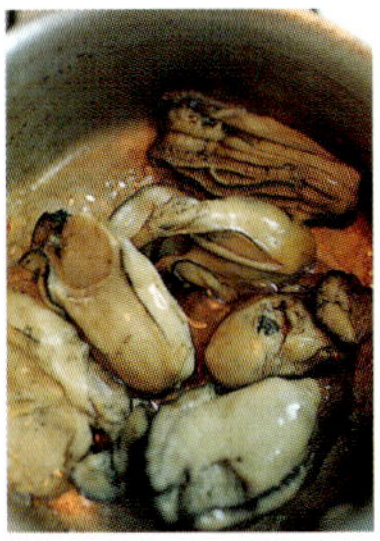

c 身が白っぽくなり、弾力が出てきたら火をとめる。くれぐれも火を通しすぎないように。

カキの中国風佃煮

11月〜2月初旬

材料(作りやすい分量)

カキ(加熱用)…2パック(約300g)

酒…大さじ1

A
- 赤唐辛子(小口切り)…1本分
- オイスターソース…大さじ1
- ナンプラー…小さじ½

ごま油…大さじ1

長ねぎ(白い部分)、香菜…各適量

黒こしょう…適量

作り方

① 上記を参照にして、カキを酒炒りにする[b]。

② カキがぷっくりして煮汁が少なくなったら[c]、合わせておいたAを加えて軽く炒り、からませる。ごま油を加えてさっと合わせる。

③ 器に盛りつけ、せん切りにしたねぎと刻んだ香菜をのせてこしょうをひく。

*密閉容器に移し入れ、粗熱をとって冷蔵庫で4~5日間保存可能。

*混ぜご飯やスパゲティに加えたり、卵焼きに巻き込んで、中国風のあんかけにしてもおいしいです。

カキの中国風佃煮を使って

カキ、白菜、せりのお好み焼き

11月〜2月初旬

材料(2人分)

- カキの中国風佃煮[P109参照]…4〜5個
- 白菜…1枚
- せり…2株
- 卵…1個
- 薄力粉…70g
- にんにくじょうゆ
  - おろしにんにく…1/3片分
  - しょうゆ…大さじ1
  - ごま油…小さじ1
- ごま油…大さじ1
- 黒こしょう…適量

作り方

① 白菜はひと口大のそぎ切り、せりは2cm長さのざく切りにする。にんにくじょうゆの材料は合わせておく。

② ボウルに卵を割り入れ、水1/2カップを加え混ぜ、薄力粉を加えてなめらかになるまで混ぜる。①の白菜、せり、カキの佃煮を加えてざっくり合わせる。

③ フライパンにごま油を入れて強火にかけ、②の生地をフライパンいっぱいに流し入れる。カリッとした焼き目がついたら返し、ふたをして弱めの中火で中まで火を通す。仕上げに、にんにくじょうゆをまわしかけてこしょうをひく。

「土鍋でご飯」

土鍋で炊くご飯

材料（3〜4人分）
米…2合
水…360ml

炊き方
1　米をといでざるに上げ、しっかり水けをきって土鍋にあける。

2　水を加え、20分ほど浸水させる。

3　ひと混ぜして（→米が水を吸って、まんべんなくふくらんだのを確かめ、底から軽く混ぜて平らにならす）ふたをし、重しをのせて強火にかける。

4　勢いよく蒸気が上がったら（→中で大きな泡がブクブク盛り上がっている状態）弱火に落とし、10分ほど炊く。

5　炊き上がったら10〜12分ほど蒸らして、お焦げも混ざるようにざっくりほぐす。

＊土鍋で炊く時の水加減は米と同量（360ml）が基本ですが、ふきこぼれの多い少ないは、土鍋の形によっても多少違ってくるようです。私が使っているのはふきこぼれがほとんどないので、同量より少なめの水加減で、ちょうどいいかたさに炊けます。くり返し炊くことで、自分の土鍋の特徴を知り、ころ合いの水加減をみつけてください。

新しょうがの炊込みご飯

4月末…5月

材料（3〜4人分）
米…2合
新しょうが…80g
油揚げ…1枚
昆布…5㎝角×1枚
A［酒…大さじ1
 薄口しょうゆ…小さじ2
塩…小さじ½
ごま油…大さじ1

作り方
① 米をといでざるに上げ、しっかり水けをきって土鍋にあける。
② 水加減をする（↓Aと水を計量カップに合わせ、360mlに）［P112／*］。
③ 塩とごま油を加えて軽く混ぜ、20分ほど浸水させる。
④ 新しょうがは皮の厚いところだけむき、せん切りにする。油揚げは焼き網にのせて焼き目がつくまでパリッと焼き、たて半分にして細切りにする。
⑤ ③をひと混ぜして［P112／3］④と昆布をのせてふたをし、重しをのせて強火にかける。勢いよく蒸気が上がったら弱火に落とし、10分ほど炊く。
⑥ 炊き上がったら昆布を取り出し、10〜12分蒸らしてお焦げまでざっくり混ぜる。

カキとせりの炊込みご飯

11月…2月初旬

材料(2～3人分)

米…2合

カキ(加熱用)…1パック(約150g)

しょうが…2片

せり…1株

昆布…5cm角×1枚

A
- 酒…大さじ1
- 薄口しょうゆ…小さじ2

塩…小さじ½

ごま油…大さじ½

作り方

① 米をといでざるに上げ、しっかり水けをきって土鍋にあける。しょうがはせん切り、せりは3cm長さのざく切りにする。

② 水加減をする(↓Aと水を計量カップに合わせ、360mlに)「P112/*」。

③ 塩、ごま油、しょうがを加えて軽く混ぜ、20分ほど浸水させる。

④ ③をひと混ぜして「P112/3」昆布をのせてふたをし、重しをのせて強火にかける。勢いよく蒸気が上がったら、塩水で洗ってざるに上げたカキ「P108/a」をのせ、弱火に落として、10～12分ほど炊く。

⑤ 炊き上がったらせりをのせ、10分ほど蒸らす。昆布を取り出し、食べやすい大きさに切って戻し入れる。お焦げまでざっくり混ぜて器に盛る。

ピースご飯

4月〜5月

材料(3〜4人分)

米…2合

グリーンピース(さやつき)…200g

昆布…5cm角×1枚

酒…大さじ2

塩…小さじ1弱

作り方

① 米をといでざるに上げ、しっかり水けをきって土鍋にあける。

② 水加減をする(→酒と水を計量カップに合わせ、360mlに)「P112/*」。

③ 塩を加えて軽く混ぜ、20分ほど浸水させる。

④ ③をひと混ぜして「P112/3」昆布とさやからはずしたグリーンピースをのせてふたをし、重しをのせて強火にかける。勢いよく蒸気が上がったら弱火に落とし、10分ほど炊く。

⑤ 炊き上がったら昆布を取り出し、10〜12分ほど蒸らしてお焦げまでざっくり混ぜる。

グリーンピース…豆がさやにつながっている間は生きています。ギリギリまでさやのままとっておき、直前にむきたての豆をご飯に炊き込んでください。青豆のみずみずしい甘みに、きっと驚くことと思います。

豚肉と新玉ねぎのしょうが焼き

材料(2人分)

豚肩ロース肉(しょうが焼き用)…200g

A
- おろししょうが…1片分
- おろしにんにく…1/2片分
- 酒…大さじ2
- みりん…大さじ1
- きび砂糖…小さじ1
- しょうゆ…大さじ2
- 黒こしょう…適量

新玉ねぎ…1個

レタス…2枚

青じそ…4枚

ごま油…大さじ1

マヨネーズ…適量

七味唐辛子…適量

作り方

① 豚肉は半分の長さに切ってボウルに入れ、Aの材料を加えてもみ、15分ほどおく。新玉ねぎはたて半分にしてから厚切りにする。

② レタスと青じそは大まかにちぎり、合わせて器に盛る。

③ フライパンにごま油大さじ1/2を熱し、強火で玉ねぎを炒める。ところどころ焼き色がついてきたらいったん取り出す。

④ 同じフライパンに残りのごま油を熱し、①の肉を広げながら強火で焼きつける。両面が焼けたら③の玉ねぎを戻し入れ、ボウルに残ったたれを加えてからめる。

⑤ 器に焼き汁ごと盛り合わせ、マヨネーズを添え、七味唐辛子をふる。

うどの味噌汁

材料（2人分）

うど…10㎝

だし汁…2カップ

みそ（淡色）…大さじ1と½

作り方

① うどは半分の長さに切り、皮を厚めにむいて細切りにし、切ったそばから水にさらす。

② 鍋にだし汁を入れて煮立て、みそを溶き入れる。①のうどをざるに上げて水けをきって加え、ひと煮立ちさせる。

＊うどはギリギリまで水にさらしておき、加えたらさっと煮るくらいで火をとめると、香りも歯ざわりも新鮮なままです。

献立のこと

高校生のころ読んでいた料理本に〝ピースご飯〟と〝豚のしょうが焼き〟の献立が載っていました。そのページごと胸に残っていて、今でも気がつくと組み合わせて作ってしまいます。

焼き栗ご飯

9月末〜10月

材料(3〜4人分)
米…2合
栗(大)…12粒
昆布…5㎝角×1枚
酒…大さじ1
塩…小さじ½
ごま油…小さじ2
黒ごま…適量

作り方

① 栗の下処理をする。栗は3時間ほど水につけて皮をやわらかくしておき、渋皮ごと包丁でむく。

② 焼き網を中火にかけ、栗をのせて表面が香ばしく焦げるまで、転がしながら焼く[a]。

③ 米をといでざるに上げ、しっかり水けをきって土鍋にあける。

④ 水加減をする(→酒と水を計量カップに合わせ、360mlに)[P112／＊]。

⑤ 塩とごま油を加えて軽く混ぜ、20分ほど浸水させる。

⑥ ⑤をひと混ぜして[P112／3]昆布と焼き栗をのせてふたをし、重しをのせて強火にかける。勢いよく蒸気が上がったら弱火に落とし、10分ほど炊く。

⑦ 炊き上がったら昆布を取り出し、食べやすい大きさに切って戻し入れる。10〜12分ほど蒸らしてお焦げまでざっくり混ぜる。茶碗に盛り、軽く炒ったごまをふる。

a

うなぎとごぼうの炊込みご飯

材料(3～4人分)
- 米…2合
- うなぎ蒲焼き…1尾
- ごぼう…½本
- だし汁…適量
- A
  - 蒲焼きのたれ…1パック
  - 酒…大さじ1
  - しょうゆ…大さじ½
  - 塩…ひとつまみ
- ごま油…小さじ2
- 三つ葉…½束
- 万能ねぎ…適量
- 粉山椒…適量

作り方

① 米をといでざるに上げ、しっかり水けをきって土鍋にあける。

② 水加減をする(→Aとだし汁を計量カップに合わせる。ごぼうが水分を吸うので360mlより少し多めに)「P112／*」。

③ ごま油を加えて軽く混ぜ、20分ほど浸水させる。

④ ごぼうは泥を洗い落とし、転がしながら細めの乱切りにして水にさらす。軽くもんで色が出てきたら2～3度水を取りかえ、ざるに上げる。

⑤ ③をひと混ぜして「P112／3」ごぼうをのせてふたをし、重しをのせて強火にかける。勢いよく蒸気が上がったら弱火に落とし、10分ほど炊く。

⑥ 炊き上がったらひと口大に切ったうなぎをのせて10～12分蒸らし、1㎝のざく切りにした三つ葉と小口切りにした万能ねぎを加えてお焦げまでざっくり混ぜる。粉山椒をふって食べる。

土鍋で炊く赤飯

材料（3〜4人分）
もち米…2合
小豆…1/4カップ
ゆで汁＋水…約300ml
ごま塩
- 黒ごま…適量
- 塩…適量

ぬか漬け…適量

作り方

① もち米をといでざるに上げ、30分ほどおく。
② 小豆をゆでる。
③ ①を土鍋にあけて②のゆで汁に水を加減して加える。小豆をのせてそのまま20分ほど浸水させる［a］。
④ ふたをして重しをのせ、強火にかける。勢いよく蒸気が上がったら弱火に落とし、10分ほど炊く。
⑤ 炊き上がったら10〜12分ほど蒸らしてざっくりほぐす。
⑥ 茶碗に盛り、ごま塩をふりかける。好みのぬか漬けを添える。

＊もち米の水加減は白米の場合より少なめです。米の量の8割が基本なので、2合（380ml）で約300ml。そこからさらに、自分の土鍋用の水加減に換算してください。うちの場合はさらに減らして270mlです。
＊小豆はかためにゆでておくと、はじけたりせず、きれいなまま炊き上がります。

a

小豆のゆで方

1 小豆を小鍋に入れ、5倍量の水を加えて火にかける。煮立ったら一度ゆでこぼす（→最初のゆで汁はアクが混ざって黒ずんでいるため）。

2 再び、5倍量の水を加えて中火にかけ、煮立ったら弱火にし、豆がおどらないくらいの火加減で20〜25分ゆでる（→かため。しわがほんの少し残っているくらい）。

3 ゆで汁につけたまま冷ます（→ざるに上げて急に空気にふれると、皮がやぶれてしまうため）。粗熱がとれたらざるに上げ、ゆで汁を取り分ける。

白がゆ

材料(2〜3人分)
米…1合
水…900ml(米の5倍量)
塩…ふたつまみ

作り方
① 米をといでざるに上げ、水けをきって土鍋に入れる。分量の水を加えて30分ほど浸水させる。
② 米が充分に水を吸っているのを確かめ、軽く混ぜて[a]平らにならし、ふたをして強火にかける。
③ 沸き立ったらしゃもじでひと混ぜし[b](→鍋底にはりつかないように)、弱火にする。
④ ふたを少しずらして20〜30分静かに炊く(→米がおどらないくらいのフツフツとした火加減)[c]。
⑤ 米がまんべんなく水分を吸ってふっくら炊けていたら火をとめ、塩を加えてふんわり混ぜる。
＊よけいなねばりが出るので、炊いている間はできるだけかき混ぜないこと。

a

b

c

「ご飯もの＆麺もの」

帆立とまぐろのなめろう丼

材料（2人分）

帆立（刺身用・大）
…2個（約70g）

まぐろ（ねぎトロ用）…80g

薬味
- 長ねぎ（白い部分）…5cm
- しょうが…1片
- みょうが…2個
- 青じそ…5枚

田舎みそ…大さじ1

ご飯…丼2杯分

焼きのり…1枚

すだち…適量

しょうゆ…適量

作り方

① 薬味のねぎとしょうがはみじん切り、みょうがと青じそは粗めに刻む。

② 帆立は小さめのさいの目に切る。

③ まな板の上に①の薬味、②、まぐろをのせ、みそを加えて包丁で全体をたたきながら混ぜる。

④ 丼にご飯を盛り、ちぎった焼きのりを散らす。③のなめろうをこんもり盛る。すだちをしぼり、しょうゆをちょっと落として食べる。

たらことしらすのカンタンお寿司

材料(2人分)

炊きたてご飯…茶碗2杯分

すし酢
- 酢…大さじ2
- きび砂糖…大さじ1
- 塩…小さじ¼

たらこ…1腹

しらす…ひとつかみ強

白ごま…大さじ2

みょうが…1個

しょうが…1片

青じそ…5枚

焼きのり…1枚

作り方

① すし酢の材料を合わせ、砂糖が溶けるまでよく混ぜる。

② ご飯をボウルに入れ、すし酢を加えてうちわであおぎながらざっくり混ぜる。まんべんなく混ざってツヤが出てきたら、ふきんをかぶせておく。

③ ごまは香ばしく炒り、みょうがは小口切り、しょうがと青じそはせん切りにする。

④ ②の粗熱がとれたら、しらす、ごま、みょうが、しょうがを加えてざっくり混ぜる。ぶつ切りにしたたらこを加えて軽く混ぜる(→しっかり混ざりきらず、ところどころかたまりが残るくらいに)。

⑤ 器に盛りつけ、ちぎった焼きのりと青じそをのせる。

みそ味のとろろ玄米ご飯

材料（4人分）
長いも…300g
だし汁…1と½カップ
田舎みそ…大さじ2と½
卵…1個
玄米ご飯…茶碗4杯分
塩鮭…4切れ
ぬか漬け…適量

作り方
① 鍋にだし汁を入れて火にかける。煮立ったらみそを溶き入れ、粗熱をとる。
② 長いもは皮をむいてすり鉢におろし入れる。溶きほぐした卵を少しずつ加え、すりこぎですり混ぜる。
③ ②のすり鉢に①をお玉1杯分ずつ加え、すりこぎでなめらかになるまでさらにすり混ぜる。
④ 玄米ご飯を茶碗に盛り、焼いた塩鮭とぬか漬けを添える。
*みそ味のとろろはほんのり甘みが出るので、少し辛めの塩鮭がよく合います。

カンタン冷や汁

7月
8月

材料(4人分)

冷や汁
- 木綿豆腐…½丁(約150g)
- 白ごま…大さじ3
- 田舎みそ…大さじ2と½
- だし汁…2と½カップ

薬味
- みょうが…2個
- 青じそ…5枚

玄米冷やご飯…茶碗4杯分
なす…2本
しらす…適量

作り方

① だし汁は粗熱をとり、冷蔵庫で冷やす。豆腐はキッチンペーパーに包み、15分ほど水きりする(→重しはのせない)。
② ごまを香ばしく炒り、すり鉢で八分ずりにする。
③ ②に水きりした豆腐を加え、さらによくする。
④ みそを加えて合わせ、①のだし汁を少しずつ加えてのばす。すり鉢のまま冷蔵庫に入れ、さらに冷やす。
⑤ 焼きなすを作り[P138]、たてに割いて器に盛る。みょうがは小口切り、青じそはせん切りにする。
⑥ 玄米冷やご飯を茶碗に盛り、焼きなす、しらす、薬味類を添える。

*ごまと豆腐だけで作る、さっぱり味の冷や汁です。コク出しの鯵の干物のかわりに、しらすを添えました。焼きなすと薬味をたっぷりのせて、食欲が落ちてきた夏の献立にどうぞ。

三色そぼろ弁当

4月～5月

材料(2人分)
鶏そぼろ…大さじ4
いり卵
卵…2個
きび砂糖…大さじ1
塩…ひとつまみ
ごま油…適量
さとうさや
…１パック(約１００ｇ)
もちきび入り玄米ご飯
…茶碗2杯分
焼きのり…1枚
紅しょうが…適量

作り方

① ボウルに卵を溶きほぐし、きび砂糖と塩を加え混ぜる。小鍋にごま油をぬって中火にかけ、いり卵を作る。菜箸を5～6本使って手早く混ぜ(→ときどき火からはなしながら)、半熟になってきたら早めに火をとめ(→あとは余熱でＯＫ)、さらに混ぜて細かくほぐす。

② さとうさやはスジを取って色よくゆでる。氷水にとって色どめし、ざるに上げて斜め細切りにする。

③ もちきび入り玄米ご飯を弁当箱に詰め、焼きのりをちぎってのせる。上から鶏そぼろ、いり卵、さとうさやを彩りよくのせ、紅しょうがを添える。

さとうさや…

絹さや、いんげんでもおいしくできますが、小さな甘い豆が詰まった、季節ならではのさとうさやをぜひ使ってみてください。

鶏そぼろ

材料
鶏ひき肉…２００ｇ
A
酒…大さじ3
みりん…大さじ2
きび砂糖…大さじ1と1/2
しょうゆ…大さじ2
しょうが…1片

作り方

① Aの調味料を小鍋に入れ、ひと煮立ちさせる。

② ①にひき肉を加え、箸でほぐしながら中火で煮る[a](→途中、アクが出てきたらすくいながら)。ホロホロになるまで煮上げ(→カラカラに炒りつけるのではなく、煮汁をほんの少し残して火をとめる)、仕上げにすりおろしたしょうがを加え混ぜる。

*冷蔵庫で4～5日間保存可能。

a

もちきび入り玄米ご飯

材料(2人分)
玄米…2合
もちきび…大さじ2

作り方

① 玄米はざっと洗ってもみ殻があったら取りのぞき、ざるに上げて水けをきり、圧力鍋に入れる。3割増しの水を加えて1～2時間おく。

② ざっと洗ったもちきびと、同量の水を加え混ぜ、ふたをして強火にかける。

③ 圧力がかかったら弱火にして16分炊く。

④ 蒸気が完全に抜け終わったら、5分ほど蒸らしてふたを開け、しゃもじでふんわり混ぜる。

*炊き時間は圧力鍋のメーカーによって多少違いがあります。

みそけんちんそば

材料(2人分)
そば(乾麺)…150g
鶏もも肉…1/2枚(約140g)
こんにゃく…1/3枚
ごぼう…1/3本
にんじん…1/3本
大根…3cm
しいたけ…2枚
だし汁…4カップ
A
酒…大さじ2
みりん…大さじ1
しょうゆ…小さじ1
田舎みそ…大さじ2と1/2
ごま油…大さじ1/2
長ねぎ(白い部分)…適量
柚子こしょう…適量

作り方

① 鶏肉はひと口大に切る。こんにゃくはスプーンでひと口大にちぎり、水から下ゆでする(↓グラッときたら1〜2分)。

② ごぼうはたわしで泥をこすり洗い、小さめの乱切りにして水にさらす。にんじんと大根も小さめの乱切り、しいたけはかさと軸に分け、かさはひと口大のそぎ切り、軸は大まかにさく。Aは合わせておく。

③ 鍋を強火にかけてごま油を熱し、肉をざっと炒める。水けをきった①のこんにゃくを加えて炒め合わせ、油がまわったら②の野菜類を加えて炒める。

④ ③にだし汁を加え、煮立ったらアクをすくって弱火にし、材料がやわらかくなるまで煮る。

⑤ 鍋にたっぷりの湯を沸かし、そばをゆではじめる。

⑥ そばがゆで上がるのを見はからって④にAを加え、味をととのえる。ひと煮立ちさせて火をとめる。

⑦ ゆで上がったそばの湯をきって丼に盛り、⑥をたっぷりまわしかける。刻んだねぎと柚子こしょうをのせる。

鍋焼きうどん

材料(2人分)

冷凍うどん…2玉
かまぼこ…4切れ
長ねぎ(白い部分)…15cm
小松菜…4株
かき揚げ(市販)…2枚
卵…2個
A
- だし汁…4カップ
- 酒…大さじ2
- みりん…大さじ2と1/2
- しょうゆ…大さじ3

七味唐辛子…適量

作り方

① ねぎは斜め厚切りにし、小松菜は色よくゆでて4cm長さに切る。

② 鍋にAを合わせてひと煮立ちさせ、土鍋ふたつに分ける。中火にかけ、再び沸いてきたらうどんを凍ったまま1玉ずつ加え、弱火に落とす。

③ うどんが煮えてきたら一度ほぐし、かまぼことねぎをのせる。卵を落としてふたをし、卵が半熟になるまで煮る。

④ かき揚げと小松菜をのせ、ふたをして食卓に出す。七味唐辛子をふって食べる。

そばと長ねぎのクリーム炒め

12月〜2月

材料(2人分)
そば(乾麺)…150g
長ねぎ(白い部分)…1と½本
生クリーム…½カップ
オリーブオイル…大さじ1
しょうゆ…少々
塩…ひとつまみ
黒こしょう…適量

作り方

① ねぎは5cm長さに切り、たて半分にして、芯ごと細切りにする。

② 鍋にたっぷりの湯を沸かし、そばをゆではじめる。

③ フライパンにオリーブオイルを熱し、強火でねぎを炒める。ところどころしんなりしたら生クリームを加える。フツフツしてきたら塩としょうゆで味をととのえ、一度火をとめる。

④ ③を強火にかけ、ゆでたてのそば(↓少しかための)をざるに上げ、水けをよくきって加え、ざっと和える。

⑤ 器に盛ってこしょうをたっぷりひく。

*長ねぎを炒めすぎないのがポイントです。強火で、ところどころ焦げめがつくくらいの半生に。

*一年中ある印象の長ねぎですが、寒くなって甘みがのってくる太ったものをたっぷり使い、ぜひ作ってみてください。

「おすすめ味噌汁」

絹さやの味噌汁

4月…5月

材料（2人分）

絹さや…1パック（約100g）

だし汁…2カップ

みそ（淡色）…大さじ1と½

作り方

① 絹さやは使う直前まで水につけてシャキッとさせ、スジを取る。

② 鍋にだし汁を入れ、火にかける。煮立ったらみそを溶き入れ、絹さやを加えてひと煮立ちさせる。

＊みそを溶き入れてから絹さやを加えると、香りも歯ざわりも色も断然生きてきます。

豚こまとうどの豚汁風

2月末…4月

材料（2人分）

うど（穂先の細い部分）…3〜4本

豚こま切れ肉…50g

長ねぎ（白い部分）…適量

だし汁…2カップ

田舎みそ…大さじ1と½

黒七味…適量

作り方

① うどは斜め切りにし、水にさらす。豚肉はひと口大、ねぎは小口切りにする。

② 鍋にだし汁を入れ、火にかける。煮立ったら肉を加えてアクをすくい、うどを加えてひと煮立ちさせる。

③ みそを溶き入れ、火をとめる。椀に盛ってねぎをのせ、黒七味をふる。

うど…

うどは捨てるところがありません。皮はきんぴらに、穂先は味噌汁に入れて、春の香りを楽しみましょう。

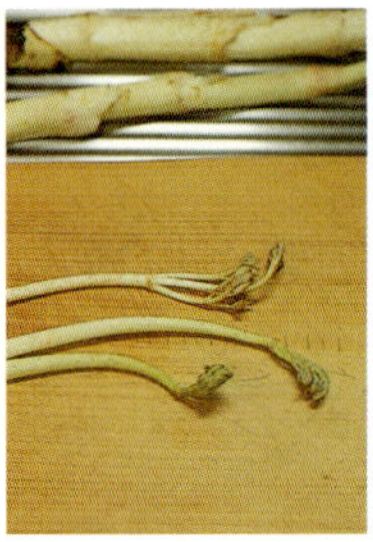

絹さやの味噌汁

豚こまとうどの豚汁風

ごま豆腐と三つ葉の味噌汁

おぼろ豆腐と大豆の味噌汁

焼きなすと
みょうがの味噌汁

夏のメークインの味噌汁

ごま豆腐と三つ葉の味噌汁

材料(2人分)

ごま豆腐…1パック
だし汁…2カップ
みりん…大さじ1と1/2
みそ(淡色)…大さじ1と1/2
三つ葉…1/3束

作り方

① 鍋にだし汁を入れ、みりんを加えて火にかける。
② ひと煮立ちしたら1cm厚さに切ったごま豆腐を加えてしばらく煮(→ちょっと溶け出して汁がとろりとするくらいまで)、火をとめてみそを溶き入れる。
③ 椀に盛って、1cm長さのざく切りにした三つ葉をのせる。

*ごま豆腐を味噌汁にするのは、京都出身の友人に教わりました。京都の白みそは少し甘めで、やわらかいごま豆腐との相性が絶妙でした。そこで、普段使いのみそにみりんをほんのり加え、私なりに工夫してみました。

おぼろ豆腐と大豆の味噌汁

材料(2人分)

おぼろ豆腐…1/2丁(約150g)
ゆで大豆[P91参照]…大さじ2強
大豆のゆで汁[P91参照]…1カップ
だし汁…1カップ
みそ…大さじ1と1/2
万能ねぎ…適量
黒七味…適量

作り方

① 鍋にゆで汁とだし汁、ゆで大豆を入れて火にかける。
② 沸いてきたらアクをすくい、おぼろ豆腐をくずしながら加える。煮立ったらみそを溶き入れ、火をとめる。
③ 椀に盛って、小口切りにした万能ねぎを散らし、黒七味をふる。

*黒七味がなければ七味唐辛子でも。

焼きなすと みょうがの味噌汁 7月〜8月

材料(2人分)

なす…2本
みょうが…1個
だし汁…2カップ
赤だしみそ…大さじ1と1/2

作り方

① なすはガクの部分を取りのぞき、強火にかけた網にのせる。片面が黒く焦げるまで転がさずにしっかり焼いてから(→つかんでみてブカブカするまで)返し、裏も軽く焼く。全体が真っ黒に焼けたら熱いうちに皮をむき(→指先だけ水で冷やしながら)、ヘタを切り落とす。たて4つ割りにして椀に入れる。
② 鍋にだし汁を沸かし、赤だしみそを溶き入れる。
③ 椀に②を注ぎ、小口切りにしたみょうがをのせる。

夏のメークインの味噌汁 7月〜8月

材料(2人分)

メークイン(小)…2個
だし汁…2カップ
みそ…大さじ1と1/2
青じそ…5枚

作り方

① メークインは皮つきのまま、丸ごと重ならないように鍋に入れ、たっぷりの水を加えて強火にかける。沸いてきたらごく弱火にして水面がほとんど動いていない状態でゆっくりゆでる。スッと串が通るようになったら、熱いうちに皮をむいて厚めの輪切りにし、椀に入れる。
② 鍋にだし汁を沸かし、みそを溶き入れる。
③ 椀に②を注ぎ、せん切りにした青じそをのせる。

白いご飯のこと

白いご飯のおいしさを知ったのは、佐藤初女さんのお宅に伺った真冬のこと。

炊飯器のふたを開けると白い湯気が上がって、ツヤツヤのお米がびっしり立ち上がっていました。

思わずつまみ食いさせていただくと、ひと粒ひと粒ハラリとくずれるのに、ふっくらねっとり甘いのです。

どんなお米でも、どんな季節でも、いつでも同じようにおいしく炊けるのだそうです。

どこにでもあるような、電気の炊飯器で。

ある日、友人から実家で収穫した新米をいただき、さっそく土鍋でご飯を炊いてみました。
浸水させた米粒を指先にとり、じっとみつめていた初女さん。お米の微妙な膨らみ加減を感じて、
おちょこにほんの少しの水を加えたり、またすくい取って減らしてみたり。

初女さんの、魔法のような芸当は私にはできないけれど、お米が水を吸う時に、
のびのびと気持ちのいい状況をつくってあげようと思いました。
片寄ったままではお米に熱が入るのも窮屈そうだから、火にかける前にひと混ぜして、ふんわり平らにならしたり。

炊き上がったご飯を土鍋ごと食卓に出し、ふたを開けたとたん、歓声が上がりました。
香ばしい湯気が立ちのぼります。
白いご飯こそいちばんのごちそうで、梅干しでもぬか漬けでもあったら、
立派なもてなしになることを知りました。

インデックス

高山なおみ

たかやま・なおみ●1958年静岡県生まれ。レストランのシェフを経て料理家になる。現在は書籍、雑誌、テレビ、広告などを活動の場とし、映画『ホノカアボーイ』(2009年、監督／真田敦)では料理を担当するなど、ますます活躍の幅を広げている。

におい、味わい、手ざわり、色、音……日々五感を開いて野菜など素材との対話をかさね生みだされるシンプルで力強い料理は、作ること、食べることの楽しさを素直に思い出させてくれる。また、料理と同じくからだの実感に裏打ちされた文章への評価も高い。

著書に『日々ごはん①～⑩』、『フランス日記』、『野菜だより』、『おかずとご飯の本』、『記憶のスパイス』(以上、アノニマ・スタジオ)、『高山なおみの料理』(メディアファクトリー)、『高山なおみさんののんびり作るおいしい料理』(SSコミュニケーションズ)、『うちの玄米ごはん』(NHK出版)、『じゃがいも料理』(集英社)、『諸国空想料理店KuuKuuのごちそう』(ちくま文庫)、『帰ってから、お腹がすいてもいいようにと思ったのだ。』(ロッキングオン／文春文庫)、『たべる しゃべる』(情報センター出版局)、絵本『UN DEUX』(絵／渡邉良重、文／高山なおみ リトルモア)など。最新刊は2009年春刊行の『チクタク食卓 上』(アノニマ・スタジオ)。

公式ホームページアドレス　http://www.fukuu.com/

編集…赤澤かおり
アートディレクション…有山達也
デザイン…池田千草(アリヤマデザインストア)
撮影…日置武晴
スタイリング…高橋みどり
編集担当…村上妃佐子(アノニマ・スタジオ)

アノニマ・スタジオは、
風や光のささやきに耳をすまし、
暮らしの中の小さな発見を大切にひろい集め、
日々ささやかなよろこびを見つける人と一緒に
本を作ってゆくスタジオです。
遠くに住む友人から届いた手紙のように、
何度も手にとって読みかえしたくなる本、
その本があるだけで、
自分の部屋があたたかく輝いて思えるような本を。

今日のおかず

2009年5月9日　初版第1刷　発行

著　者　高山なおみ
発行人　前田哲次
編集人　丹治史彦
発行所　アノニマ・スタジオ
〒111-0051 東京都台東区蔵前2-14-14
tel 03-6699-1064　fax 03-6699-1070
http://www.anonima-studio.com
発売元　KTC中央出版
〒111-0051 東京都台東区蔵前2-14-14

印刷・製本　凸版印刷株式会社

ISBN978-4-87758-680-5 C2077